200年間の眠りから覚めて、20世紀末に甦ったヴェネツィアの仮面カーニヴァル。幻想的な中世都市を舞台に仮面劇さながらの光景が繰り広げられる。

カーニヴァルの開催される期間、ここでは誰もが主人公になれる。この時だけは王様にも女王様にもなることができる。

帽子に付いた羽根飾りはオリエンタル風のファッションとしてヴェネツィア経由で流行した。孔雀などの高価な長い羽根は階層の高さを表した。

束ねた羽根を豪華な頭飾りとして使うのは、東方交易で栄えた海運国ヴェネツィアを象徴している。

アドリア海のラグーナ（潟）に建設されたヴェネツィアは海に浮く都。
水面から突き出た幾多の杭が、舟やゴンドラに行路を示す。

仮面は光と陰を映し、ヴェネツィア共和国一千年の歴史へ人々を誘う。

ヴェネツィアの仮面カーニヴァル
海に浮く都の光と陰

Masks Carnival of Venice
Light and Shade on the Aquatic Polis

勝又洋子 Yoko Katsumata

社会評論社

ヴェネツィアの仮面カーニヴァル　目次

ヴェネツィア略図

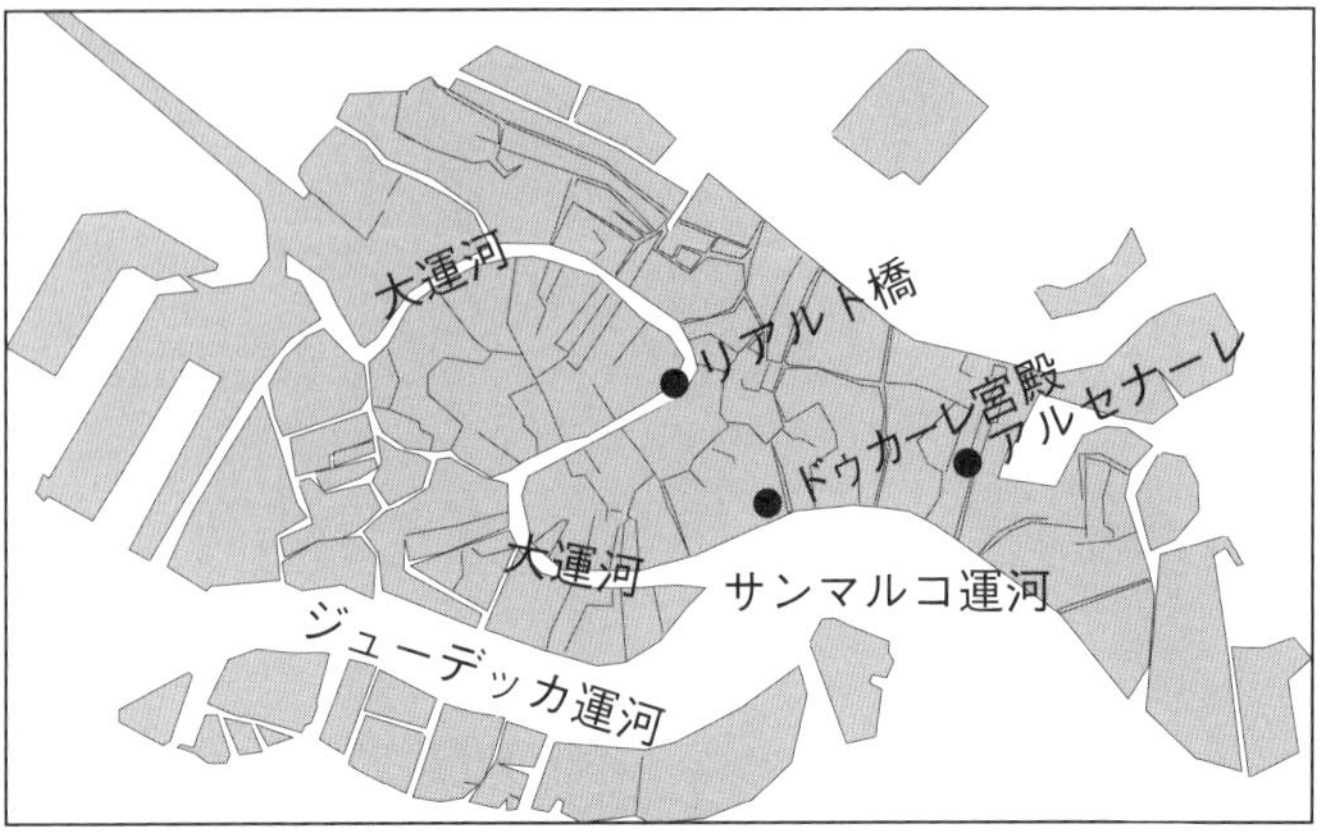

イタリア略図

まえがき

　地中海世界を舞台とした東方交易で、栄華を極めたヴェネツィア共和国は、フランス軍のイタリア侵攻で、一七七九年に崩壊した。「世界で最も美しいサロン」と、ナポレオンに賞賛されたサン・マルコ広場。しかしこの広場を大舞台に繰り広げられた仮面カーニヴァルは、彼の命により禁止された。ファッショナブルな仮面と衣装で世界に知られるヴェネツィアの仮面カーニヴァルが再開されたのは、共和国の終焉から二〇〇年を経た二十世紀後半である。

　一九七八年に芸術家と演劇人そして学生たちは、共和国伝統のカーニヴァルを復活させようと試みた。二〇〇年の封印を解いて、共和国の伝統を受け継ぐバウタや道化の仮面を復元し、華麗な仮装の祝祭を再び甦《よみがえ》らせたのである。一九七九年、禁止後最初の公式のカーニヴァルが開催された。市民は私邸を仮装する人々のために開放し、市の観光文化課は大々的に宣伝した。一九八〇年には演劇ヴィエンナーレ・ディレクターのマウリツィオ・スカパッロが演出を行った。彼は建築家アルド・ロッシ（Aldo Rossi 一九三一〜一九九七）の理念「世界の劇場」というコンセプトを掲げ、町全体が仮面と仮装のための大掛かりな演劇的な空間となった。以来カーニヴァルが開催される十日間、「この世はすべて舞台だ、男や女たちはみな役者にすぎない。」（『おきに召すまま』）というシェイクスピアの台詞のままに、ヴェネツィアは仮面劇の舞台さながらとなる。

ヴェネツィアは海から近づいた時、初めてその顔を見せるという意味のことを、トーマス・マン（Thomas Mann 一八七五〜一九五五）は述べている。おそらくTh・マンも最初は、本土から列車でブレナー峠を越えてヴェネツィアの停車場に着いたにちがいない。陸路を通って到着したときの、想像をはるかに超えた小さなこの町の佇まいを体験した人は誰もが、沿岸に葦の茂る寂れたラグーナ（潟）の向こうに、忽然と立ち現れる海上都市の華麗さに新鮮な驚きを覚える。

一九七九年から一九八〇年にかけて開催されたヴェネツィア・ヴィエンナーレに際して、アルド・ロッシは海に浮く劇場を設計した。アドリア海に浮かぶ二五〇席を持つ「世界の劇場 Theatro del Mondo」を多数の舟が曳いて行く。この海に浮く劇場はルネサンス期のヴェネツィアの祝祭でアドリア海に現れた「世界劇場」が再来したかのような驚きを与えた。ロッシはこの作品をとても気に入り、「とりわけ愛しいと思えた作品だ」といったことを自伝の中で記している。多数の小船が行き交うサン・マルコ海岸に世界劇場が浮かぶ光景は、ロッシの心にいつか再び「戻ってみたい」という思いを抱かせる、幸福な創造的瞬間の原風景となった。

二〇世紀のアドリア海に再現されたロッシの世界劇場は、ヴェネツィアを訪れる旅人を歓喜させ、同時にヴェネツィアが海に浮かぶ都であることを実感させたであろう。しかし共和国一千年の歴史につながるヴェネツィア市民たちの目に、海に浮く世界劇場は、対岸の島が動いてきたように映ったかもしれない。実際に海に浮かぶ建築造形は、ヴェネツィアの栄華と崩壊の歴史を想起させるひとつの出来事となった。海に浮く劇場はそれ以来、規模は格段に縮小したが、ヴェネツィアの仮面カーニヴァルを牽引するイヴェントのひとつに数えられる。

海に浮く世界劇場は、ヴェネツィアが劇場型都市空間の集積であることを確信させる、言い換えれば、ヴェネツィアが海に浮かぶ劇場型複合施設であることを比喩的に示唆しているように思う。というのもヴェネツィアは六世紀頃、伝説によれば四世紀、ヴェネト地方の人々が、度重なる異民族の侵入から逃れるために、アドリア海の砂州に無数の杭を打ち込んで土台を築き、その上に建設された稀有の人工都市である。恒久的な補修工事によって支えられている海上の都であることを、海に浮く劇場は再確認させるのだ。

ヴェネツィアの仮面カーニヴァルは、ヴェネツィア本島のサン・マルコ広場とその海辺、さらにはリアルト橋へと続く大運河カナール・グランデ一帯を主な舞台として開催される。そこには日常の時間と空間を切り結び、断片的で断続的な歴史的なドラマが展開する。ヨーロッパの冷たい冬を彩るカーニヴァルの季節、中世の家並みが運河に沿って建ち並ぶこの海の上の都にひとたび入り込めば、人は誰でも観客となり、演じ手となる。しかしカーニヴァルが終わって、閑散としたサン・マルコ広場には、日常の顔を取り戻したというよりは、むしろよそよそしさが漂う。それはあたかも幕が閉じた後の誰もいなくなった舞台に漂う寂寥に近しい。

十二世紀にはすでに、ヴェネツィアの仮面カーニヴァルはファッショナブルな衣装と仮面で世界に知られ、最初の絶頂期を経験していた。その後十四世紀、十六世紀と幾度か絶頂期を経験した。ヴェネツィア共和国が政治的・経済的な衰退に向かう十八世紀には、一年のうち半年も祝祭やカーニヴァル、国家的行事が行われ、制限されてはいたものの、その期間ヴェネツィアでは仮面をつけることができた。人は仮面をつけて劇場に行き、市場に買い物に出かけ、レガッタ競技を楽しみ、さらには私邸を訪問した。仮面はヴェネツィアにおいて、生活世界とつながるための日常のもう一つの顔となり、ヴェネツィア固有の匿名化社会を表象するひとつのペルソナを確立した。

仮面はサイレント・マイノリティの世界に属し、日常を逸脱するための装置である。しかしながらヴェネツィアにおいてはソーシャル・メディアとして機能し、日常のもうひとつの顔となった。そこには海に浮く都ヴェネツィアの光と陰が見え隠れする。

序 章
ファッショナブルな仮面の祝祭

すべての情況に、
確かにすべての瞬間に、
無限の価値がある、
何故なら各々に永遠全体の姿が現れているのだから。

ヨーハン・ヴォルフガング・フォン・ゲーテ

海に浮く都

アドリア海に広がるラグーナ（潟《かた》）。ヴェネツィアの歴史は六世紀頃、北から来た異民族に追われた人々が、ラグーナの砂州に避難して来て、人工の島を築いたのが、その始まりといわれる。東ローマ帝国が衰退の兆しを見せ始めて以来、北イタリアは異民族の襲来に悩まされ、なかでもヴェネト地方とヒストリアは問題の多い地域となっていた。ランゴバルト族や、アッティラ王率いるフン族の侵攻で生活は不安定なものとなっており、ヴェネト地方の人々は中心地であるマラモッコを捨て、ラグーナの島々に移住したのである。アッティラはゲルマンの口承叙事詩『ニーベルンゲンの歌』第二部で、フン族の王エッツェルの名で登場する。ドラゴン退治をして不死身となった英雄ジークフリートが暗殺された後、彼の妻クリームヒルトは夫の復讐のために、后を亡くしたエッツェルのもとに嫁ぎ、エッツェル王の館にブルグント族を招き壊滅させる。民族大移動時代の争いを反映したといわれるこの物語は、見えない糸でヴェネツィア共和国建設の歴史へとつながって行く。

ヴェネトの人々は持っているものさえも捨てて、アドリア海の潟《ラグーナ》の島々に逃避してきたという。記録によればヴェネツィアの都市そのものは、リオアルトの島に建設された。現在

サン・マルコ海岸。左は尖塔、右はドゥカーレ宮殿。

のリアルト橋の付近であり、その語源である。彼らはリオアルト付近に築いたヴェネツィア本島を中心に、多数の群島から形成されたラグーナの地形を活かして、アドリア海の上に共和国を築いた。このとき以来ヴェネツィアはアドリア海に自らの命運を預けたのだ。そしてやがては「海よ、汝と結婚しよう。そうすれば汝は永遠に私のものとなろう」と、アドリア海と血縁的な社会契約を結び、「海との結婚」を一千年に渡って宣言し続けることになる。

シェイクスピアが悲劇『オセロ』と『ヴェニスの商人』で描く、ヴェネツィアの冷徹な商業主義と人間的な感情との葛藤は、海とのこうした社会的契約が背景となっている。陸地から引き離され、不安定で過酷な海上都市で生き抜く決意をしたヴェネツィア共和国は、生活の糧を求めて海の彼方に船を出した。地中海世界を舞台に、東方との交易を手中に収めることで、ヨーロッパ中の富とさらには財宝がこの地に集まったとさえ言われる。しかしその栄華も一七七九年ナポレオン・ボナパルト（一七六九～一八二一）のイタリア侵攻による共和国の崩壊とともに終わりを告げた。同時に華麗さでヨーロッパ中の人々を魅惑したヴェネツィアの仮面カーニヴァルは、ナポレオンによって禁止された。(1) ヴェネツィアがイタリアに併合されたのは一八六六年であった。

海に沈んだ人工の森の上に築かれたこの都市は、主要水路の大運河カナール・グランデが海上都市を巡り、さらには縦横に小運河が走り、入り組んだ小路が錯綜する。ゴンドラに揺られて、小船一艘がようやく通れるような狭い水路に入り込むと、アプローチすれすれに打ち寄せる波が目の前に迫ってくる。網の目のように張り巡らされた水路が縦横に走る、この都市を訪れる人は誰でも、道に迷うという。冬の夜ともなれば舗装路と水路との境さえ、一瞥しただけでは見分けられない。闇と溶け合う運河を滑るように進むゴンドラで辿って行くと、共和国時代の栄華の面影を伝える外国人商館や貴族の館、運河に架かる橋の肌触りに、文字通り「町全体がくるぶしまで水に漬かった」(2)、中世の不思議な水の宇宙に誘い込まれて行く。

中世の時代からヴェネツィアのカーニヴァルは、ファッショナブルな仮装行列で知られていた。その歴史を紐解いてみると、ファッショナブルな仮面と衣装の祝祭に留まらない。東方交易で繁栄したヴェネツィア外交の舞台となった海に浮かぶ劇場型都市空間との結びつきが見えてくる。

交易の舞台

ヴェネツィアに行くのには二つの行路がある。一方は列車でイタリア本土を走り、他方はアドリア海を越えてサン・マルコの海岸に近づく。陸路を通ってヴェネツィアに着くのは、やはり舞台の裏口から入るのに等しい。海から眺めたとき、はじめて、ヴェネツィアはアドリア海に向け

溜め息橋。ドゥカーレ宮殿内の法廷・牢獄（写真左）と新牢獄（同右）をつないだ。

金獅子のレリーフが彫られた鏡楼。上に鏡をつくムーア人の像がある。

て建っていることに気づく。トーマス・マン（一八七五〜一九五六）は海からこの都市に近づく時の驚きを、小説『ヴェニスに死す』（一九一三）のなかで、次のように記している。

「こうして彼はふたたび、あの最もおどろくべき埠頭を見た。この共和国が近づく航海者たちの尊敬に満ちた眼差しに対して投げかける、幻想的な建築郡のあのまばゆいほどの構図を見た。――宮殿の軽快な華麗さと溜め息橋、水ぎわの獅子と聖者のついた円柱、お伽話めいた煌びやかな聖堂の側面が突き出ている様、間道と大時計を見通す眺め――そして彼はじっと見ながら、陸路をとってヴェニスの停車場に着くというのは、宮殿の裏口から入るようなものだ。そして人はまさに、今の彼のように、船でアドリア海を越えて、都市のなかでも、最も現実離れのしたこの都市に到達すべきだ」[3]。

イタリア・ルネサンス期とそれに続くバロックの時代、ローマやフィレンツェそしてヴェネツィアなどでは、インテリアだけではなく、建物の内陣から外観へそして街路へと続く都

総督宮殿・ドゥカーレ宮殿。レース編みで大多様な華麗なファサード。

市空間を彫刻や壁のレリーフなどで装飾し、都市を芸術空間へと変貌させた。『イタリア・ルネサンスの文化』を著したヤーコプ・クリストフ・ブルクハルト（Jacb Ch. Burckhardt 一八一八～一八九七）は、ローマやフィレンツェやヴェネツィアなどのイタリア・ルネサンス期の芸術的建築都市で、祝祭の果たした社交的役割は大きい、と述べている。(4)

十字軍遠征を契機に東方交易で地中海の覇者となったヴェネツィアは、イタリア・ルネサンス期の都市空間の改造で、外海に向けた都市のファサードを華麗に変貌させた。金獅子が見下ろす鐘楼《しょうろう》、華奢なレース編みで覆ったようなビザンツ風のドゥカーレ宮殿のファサードそして水路に掛かる溜め息橋が、海を越えて訪れる旅人たちをこの都市に迎え入れる。打ち寄せる波を受けて、アドリア海の女王の銘にふさわしい優雅な佇まいを見せるサン・マルコ広場や海岸そして大運河を舞台に、煌《きら》びやかな海上外交が繰り広げられた。海に浮かぶ華麗な都市空間での外交を、ファッショナブルに演出したのが、国家の典礼や祝祭で華やかに繰り広げられる仮装行列だった。

仮面の祝祭

ヴェネツィアの謝肉祭を表すCarnevale di Veneziaという言葉は、「ヴェネツィアのカーニヴァル」を意味するにすぎない。しかしヴェネツィア共和国では、ルネサンス期に華麗な仮面と衣装の祝祭となって、ローマやミラノ、フィレンツェなどの他のイタリア諸都市、スイスやドイツなど他のヨーロッパ諸国とは異なる独特な仮面カーニヴァルが花開いた。共和国では典礼、カーニヴァル、祝祭など実に多くの催しがあり、ヴェネツィアの人々は一年のうち半月もの間仮面を楽しむことができたのである。

仮面は素性を隠す特性を持つため、日常の暮らしで用いられることはない。元来仮面は呪術や宗教的な儀式で、神に成り代わるために、または超自然的な存在を表象してきた。カーニヴァルの際に非日常の時間と空間を演出し、日常を逸脱して自由に振舞う装置として、仮

面は庶民に好んで用いられた。
一方ヴェネツィア共和国では、カーニヴァルの仮装行列のアイテムとなるだけではなく、仮面が日常の暮らしのなかのもう一つの顔となり、ファッションとして定着した。ヴェネツィアのカーニヴァルは、すでに十二世紀頃から現代に至るまで、ファッショナブルな仮面カーニヴァルのイメージが強い。ヴェネツィアのファッショナブルな仮面の祝祭は、比類のない海に浮かぶ劇場型都市空間を背景とした共和国の精神構造と結びついているように思う。

ヴェネツィア最古のリアルト橋

劇場型都市空間と仮面

ヴェネツィアはアドリア海のラグーナ laguna の砂州に無数の杭を打ち込み、その上に石で築き上げた土台の上に建設された。この都はあたかも海中にアンカーを降ろした巨大な船のように、もしくは海に浮かぶ舞台のような姿で立っている。陣内秀信は、ルネサンス期の都市改造による劇的な海上都市の空間の構成から、この都市を「水都」と呼んでいる。(5) 塩野七生は、ヴェネツィアがアドリア海の上に建設されたことからこの都市を「海の都」と呼んでいる。(6)

陸地から分離したこの人工都市ヴェネツィアは、大地に根付くことのない、あたかも海に浮かぶ海上の舞台のようにも見える。ラグーナという自然の地形を活かした設計で、縦横に水路が走り、舗装路と舗装路を大小多数の橋が結ぶ。ヴェネツィアの発祥は、リアルト橋建設が証すように橋を架けることから始まったといえる。路が狭く段差と起伏が多いヴェネツィアでは、自動車どころか自転車も走れない。交通手段といえば徒歩か、なんといってもゴンドラやボート、シーバスで水路や主要路の大運河を行く。船から上がっても、時にはまだ身体の揺らぎ感残っている状態で、再び波に揉まれなければならない。文字通り地に足が着かない現実離れのしたこの都は劇場型都市空間と呼べるだろう。

こうした環境に拠って立つ共和国はその存在価値 raison d'etre を可視化するために、「海との結婚」という儀礼的なひとつの社会契約をアドリア海との間で結ぶことを宣言してきた。ヴァーチャルと現実を綯い交ぜた、お伽話めいた共和国存立の原風景を、陸から分離して海に浮く劇場型都市空間が可能にしている。共和国崩壊前夜のヴェネツィアに滞在したヨーハン・ヴォルフガング・フォン・ゲーテ（Johann Wolfgang von Goethe　一七四九〜一八三二）は、こうしたヴェネツィア人の性格は、海に浮く都市の光景によって形成された、と記している。(7) ダニーロ・レアートの『ヴェネツィアのカーニヴァルの暦史』が詳細に記録するように、ヴェネツィアにおいて共和国の式典はすべて演劇的な形をとって現れ、こうした行事を副次的に牽引する船首像のような役割を仮面行列が果たしてきた。(8) 仮面は共和国において社会とつながるためになくてはならないコミュニケーション・ツールとなった。(9) 祝祭国家ヴェネツィアの仮面カーニヴァルは匿名化のアイテムを媒介としてつながる社会を生んだ。

仮面という媒体を用いたヴェネツィア共和国は精神構造の有り様が、現代の高度に発達したＩＴ社会とどこか共通しているように思う。ＩＴ社会では、前近代的なアイテムである仮面を媒体とはしないが、インターネット上のヴァーチャル空間にアヴァタ Avatar を作って別人を装い、あるいはハンドルネームを作成して別名を使い、さらにはＳＮＳ（Social Networking Service）や Twitter を通して、人や社会と好んでつながっている。(9) こうした観点から見ると古代の収穫感謝や新年の祭りとは異なり、共和国における仮面の着用は、変身願望の意味合いがより強いように思われる。

第1章
仮面とカーニヴァルの起源

仮面、それは、人が自分のために捜し求めている、唯一つの顔。

ガブリエル・ラオプ

カーニヴァルの起源

謝肉祭はイタリアやフランスそしてドイツのケルンなどではカーニヴァル、スイスや南西ドイツの山岳地域ではファスナハトやファッシングと呼ばれ、ヨーロッパの冬を彩る伝統の行事として今に受け継がれている。カーニヴァルの起源はさだかではないが、ヴェネツィアのカーニヴァルは古代ギリシア・ローマのバッコスの祭りに遡るといわれている。マーティン・エスリンの研究によれば、宗教的な祭礼からでたと考えられている。カーニヴァルと仮装そして演劇の発生は互いに関連しており、キリスト教以前の収穫祭もしくは新年を祝う祭りに遡る(1)。

新年を祝う祭りはあらゆる民族のもとで行われていた。古代エジプトで祭りが始められたのは紀元前五二一七年頃に遡り、仮面が被られるようになった。祭りの日には、角に彩色され、色とりどりのリボンで飾り、きれいに織られた布を掛けられた雄牛が、背中に少年を乗せて通りを練り歩いた。その後を仮装し仮面を被った老若男女が頌歌《しょうか》を歌いながら付き従って行った。この祭りでは公の祝宴、舞踏、仮装行列が七日間続き、司祭の祈りのもと、雄牛が生贄《いけにえ》として賭殺されて、祭りは終る。こうした伝統はヌビア、エチオピアそしてメソポタミアでも認められる。ギリシアへはバッコス（ディオニューソスの別名）の祭りという名で伝えられたといわれる。「額に葡萄の葉と房を巻きつけてバッコス神に変身した男が、牛に牽かせた荷車に乗り込んで、通りを通って行った。通りには仮面を被った男たちや女たちが群がり、放埓に歌い、踊った」と記されている。(2)

古代ギリシアのバッコスの祭りは古代ローマ帝国に伝えられ、ルペルカリあるいはサトゥルナリと呼ばれて、紀元前四九二年にローマ教皇ゲラシオI世により中断されるまで続いた。ルペルカリはサトゥルナリよりもさらに古い、ローマの野鹿・潔め・豊穣の祭りで、二月十五日にルペルクス神に奉げる祭りである。後にサトゥルナリは聖母マリア潔め祭（二月二日）に置き換えられた。このように廃止の代償として他の宗教儀礼へ置き換えることは、儀礼にしばしば見られるものである。もう一つの解釈では、おそらく異郷の女神ケレス（ローマの農耕神で、ギリシア神話のデメテル）を敬う祭りより、聖母マリア潔め祭を優先させたとする。二月半ばに行なわれたこの祭りの期間、女たちは火をつけた松明と蝋燭《ろうそく》を担いであちこち動き回った。ルペルカリはしばらく中断されたが、ロンゴバルト支配下であらたに復活し、六二五年まで続けられたた。ルペルカリはローマ建国にまつわる伝説の兄弟ロモロとローモと結び付けられ、この兄弟を養育した牝狼を敬うための祭りとして採りいれられたといわれている。(3)祭りは七日間続き、その期間中は商店、学校、裁判所など公的機関が閉められた。サーカスが開かれ、奇妙に飾り立てられた動物たちに引かせた荷車が通りを行進し、パレードや仮装行列が開催された。罪人たちは赦免され、普段とは逆に主人たちはテーブルに着いた下僕たちをもてなし、召使たちは支配者たちを侮辱し、通りを酔っ払って行進した。カーニヴァルの正確な起源についての証しは失われているが、このような姿を見ると、死をもたらす厳しい冬とそれを打破する春をともに祝い、収穫を祈願する祭りが至る所で行われ、それがカーニヴァルとなって継承されたと考えられる。

他方ではカーニヴァルの起源それ自体についての別の見解もあって、ヴェァナー・メッツガーは、ファスナハトとカーニヴァルそれ自体は、キリスト教以前の時代にその起源を持つのではない、と理解している。続いて、「その一般的な出発点をキリスト教的な時代にもっている。その時代、ファスナハトは始めに、復活祭前の四〇日間の断食期間の前に、準備期間をもうけていた。それは聖灰水曜日に始まる」(4)とメッツガーは述べ、カーニヴァルの起源は復活祭前の断食期間に入る前の準備期間として始まったキリスト教独自の祭りで、ディオニューソスの祭りとは関連しないという見解を示している。

カーニヴァルの無礼講の祭りそのものはもっと古くから行われていたと考えられ、すでにふれたように、その起源となるのは古代エジプトで行われた新年の宗教的祭礼で、農民たちが悪霊を退治したり追い払ったりする習慣や、新たな収穫期の始まりを迎えて大地に実りを祈願する儀式だったと考えられている。谷口幸男の研究によれば、季節が新しく移り変わる前に、悪いものや不用な古いものを捨て去る必要があったからで、それが祭りの元来の目的だった。[5]

新年を迎えるにあたり遺棄《いき》すべき古いものを象徴化して処分する習慣は、スイスやドイツのファスナハトにも藁人形の形で伝わっている。南ドイツでは古い魔女の呼び名でヴェルヒタやカプラ・バルバータなどとも呼ばれている。ダニーロ・レアートによればイタリアではこうした習慣が後にカーニヴァルで登場する藁人形ウオーモ・ディ・パッジオ uomo di paggio となり、野性の男ウオーモ・セルヴァッジョ uomo servaggio や年寄りヴェッシホ vecciho などと呼ばれる。[6] 今日のイタリアのカーニヴァルでも、去り行

カーニヴァル最後の祝い。サン・マルコ広場に登場するパグリャーチオ。

く年の穢れを象徴する藁人形を燃やす習慣が残っている。ヴェネツィアの仮面カーニヴァルにもこの習慣は見られ、カーニヴァル最終日の真夜中にサン・マルコ広場で、藁人形パグリャーチオ pagliaccio が燃やされると、カーニヴァルの終わりを告げて、鐘楼の鐘の音が鳴り響く。

カーニヴァルの意味

カーニヴァル（謝肉祭）という言葉の由来は明確ではないが、キリスト暦の四旬節との関連で、カルネ・ヴァーレ＝肉よさらば（carne vale, Fleisch Adé）を意味するラテン語に由来するとされる。キリスト教社会では復活祭前の受難週に先立つ四十日間を四旬節と呼び、「肉断ち」をして精進生活に入らなければならない。カーニヴァルという概念は教会ラテン語の概念カルニスレヴァンネム carnislevanem つまりカルネトレンダス carnetollendas から派生した言葉で、断食期間に入る前日を意味するといわれている。[7] 一般に「肉よさらば」を意味するといわれ、主食である肉食の禁止、すなわち断食を意味している。この言葉から十世紀にイタリア語の派生語カルネレヴァーレ carnelevare という言葉ができた。その後簡単な言い回しでカルネヴァーレ carnevale という言葉が生まれた。

ルイ＝セバスティエン・メルシエの『十八世紀パリ生活誌　タブロー・ド・パリ』によれば、断食期間の規制は厳しく、十六世紀には四旬節の精進潔斎中に肉を売った肉屋は死刑という法令が出されたほどであった。[8] それゆえカトリックの地方では肉断ちに入る四旬節前の三日間を謝肉祭（カーニヴァル）と称して、たらふく食べたり飲んだり、乱痴気騒ぎをするのが習わしとなった。例えばカーニヴァルのなかの日をドイツではローゼンモンターク（薔薇の月曜日）と呼び、俗世の快楽を思う存分楽しむ。その翌日は「懺悔の火曜日」、翌々日は「聖灰水曜日」となり、カーニヴァルに煽《あお》られた庶民の高揚感を冷やすために、実際に教会のヴェランダから少しばかりの灰を大衆の頭上に降りかけて、精進生活に入ったという。「トルコ人のスパイが言ったように、翌日、仮装姿の男たちの頭上にふりかけられる少しばかりの灰が、彼らの熱狂を鎮めるのだ。狂って羽目を外しても、男たちはふたたび分別のある穏やかな人になる」と、このいささかお伽話めいた秘儀についてメルシエは記している。[9]

謝肉祭の波及

現代イメージされるカーニヴァルの原型は、中世キリスト教社会において成立した。この時代に古代ギリシア・ローマの収穫感謝の行事を受け継いだ祭りが、古代の新年を祝う行事とキリスト教の教会暦と結びついて行われるようになったと考えられている。もとよりカーニヴァルの開始は統一された日程で始まるのではなかった。イタリアの幾つかの地域では、十二月二六日聖ステーファノの祝日に始まり、他の地域では一月六日公現節（エピファニー）に、他の地域では一月七日に、他の地域では二月二日聖母マリアの潔めの祝日にカーニヴァルが始まる。こうした習慣は今日に続いており、ヨーロッパのカーニヴァル開催日は地方により異なるが、十一月十一日十一時十一分十一秒に宣言されるカーニヴァル開始を皮切りに、翌年の三月までの期間小カーニヴァルから大カーニヴァルが各地で開催される。大カーニヴァル最後の三日間は最高潮となり、教会の周辺では贅沢な祝宴が繰り広げられる。後にカーニヴァルは土曜日まで四日間延長されたのがカルネヴァローレ carnevalore で、今日では大謝肉祭週間（ファッシング＝カーニヴァル）と呼ばれる。

中世の封建社会は階層の格差が明確で、一方に支配層に属す封建貴族と聖職者がおり、他方に抑圧された庶民階層が倹しい生活をしていた。中世の庶民にとってカーニヴァルは一年の暮らしのなかで、唯一その期間だけは階層の頚木から離れて支配と被支配、貴賎の格差をリセットすることができた。カーニヴァルの期間は奉公人も主人もなく、等しく祭りを享受できた。街の通りや広場では社会的な地位や立場、経済的な格差にとらわれることなく、それぞれ個人として互いに交流し自由に振舞うことができた。中世の時代に受け継がれた古代ローマのサトゥルナリの祭りは、日常の格差を逸脱するのにとても効果的なカーニヴァルの習慣となった。カーニヴァルの期間、現存の王に代わってカーニヴァルの代理王が庶民のなかから選ばれ、王の役目を遂行した。中世以来のこの伝統は現代に続いている。カーニヴァルの期間、人は代理結婚に際して役職を担い、王様、王女様、司教などに成り代わった。見られる側に位置する王侯貴族と見る側にいる庶民という封建社会における通常の役割配分も、カーニヴァルの期間中は中断されて、市民全体が主役となり、主役と脇役の分離がはずされたのだ。この時代カーニヴァルにおいて観客となるのではなく、誰もが主人公となり、祭りを楽しんだ。この期間だけは普段の倹しい暮らしを忘れて饗応にあずかり、食事の心配をする必要がなかった。

収穫感謝の行事から都市型庶民の享楽的な乱痴気騒ぎに傾いた中世の時代、公にカーニヴァルと呼ばれるようになった。カーニヴァルという言葉は支配層にとっては洗練された都市型の祭りといった抽象的な概念をもつが、庶民にとってこの言葉は謝肉祭という文字通り現実的で、グロテスクで、強烈で、直接的で、粗野な享楽を意味し、「肉と別れる」前にたっぷり肉を食べ、酒を飲める祭りにほかならなかった。カーニヴァルの無礼講は庶民にとっては、誰彼かまわず一緒に食事をする楽しみとなったが、他方では中世の食料不足と関連し、統治者にとっては備蓄した食料を供出して消費し、同時に庶民の栄養不足を補う機会であった。こうした理由からも断食期間に入る四旬節前の三日間をカーニヴァル＝謝肉祭と称して、乱痴気騒ぎをする無礼講の習慣となった。その翌日は精進生活に入り、カトリックの地方では現代もこうしたカーニヴァルの習慣が継承されている。

カーニヴァルの無礼講や乱痴気騒ぎや饗応の背景にある中世の暮らしについて谷口幸男は次のように述べている。「教会暦では、灰の水曜日から復活祭前日の土曜日までの四十日間を四旬節といい、三世紀以来信徒は日曜日以外肉を慎み、断食の苦行をした。その背後には、この時期になると農家の保存食糧も少なくなり、また富裕な貴族、市民にとっては冬の間に肉をあまり食べすぎたために吹き出物などのいわゆる春の病ができることを恐れたことなどの理由で、肉を食べることを控えたといわれている」(10)。

こうした収穫感謝の行事が中世キリスト教の暦に取り入れられて謝肉祭と結びついていった。イタリア・ルネサンス期に都市空間を造形芸術で装飾した都市国家では祝祭が社交的役割を担う、都市型の祝祭スタイルができてきたからだ。ローマやミラノはもとより、文化芸術を外交政策に据えたヴェネツィア、ジェノヴァ、フィレンツェなどの都市国家を中心としたライフ・スタイルの変化が追い風となって、ヨーロッパ中にカーニヴァル・ブームが波及していった。

仮面と仮装そして変身

仮面の由来

旧石器時代のフランスのレ・トロワ＝フレールの洞窟壁画が証しているように、仮面は人類の歴史とともにあるといってよい。約二万年前のこの洞窟壁画には、頭にトナカイと思しき動物の角のついた被り物をつけ、身体を鹿皮で被った人物や、頭に野牛の角をつけ、それに似せた格好の人が踊っている姿が描かれている。

仮面の由来はわかっていないが、このレ・トロワ＝フレールの洞窟壁画が伝えるように、仮面と仮装は一つの概念に由来し、身近な存在だった野鹿や野牛など動物の頭部や毛皮を被ることから始まったのかもしれない。大昔の人々にとって野獣は現代の都市型ライフ・スタイルとは比べようもなく、良くも悪くも身近な存在だった。野獣は生命を脅やかす危険で恐ろしい存在であり、一方では生命をつなぐ食糧となった。さらに毛皮は身体を温め保護する道具ともなった。この壁画を見ると、動物の毛皮を被っている人たちは、手足を動かし動物に

レ・トロワ＝フレールの洞窟画（模写）

成りきり、儀礼を行っているようであり、変身した姿を楽しんでいるようにも見える。その姿は現代人が着ぐるみのなかに入って、戯れあっている様子に似ている。野獣の姿に変身するという行為は、古代エジプトの祭りから古代ギリシアのディオニューソスの祭りへ、そして古代ローマのバッコスの祭り、さらにはヴェネツィアのカーニヴァルの仮装行列へと、時代を超えて受け継がれていった。レ・トロワ＝フレールの洞窟壁画を見ると、元来仮面と仮装は同義語であと思われる。仮面カーニヴァルの根底には、この太古の記憶から生じる変身願望が潜んでいるのかもしれない。

仮面の意味

古いゲルマンの仮面行事が今も多く残るドイツ語圏には、仮面を意味する言葉が多く残っている。ドイツの民族学者リヒャルト・アンドレー（Richard Andree 一八三五〜一九一二）は、世界のさまざまな仮面を意味と用途に従って初めて分類し、仮面の呼称と機能の関連を明らかにした。[12] 日本では『原始民族仮面考』（一九二九）を記した南江二郎らの仮面研究があり、

こうした文献をもとに佐原真は仮面の種類を次のように整理している。(13)

1. 狩猟仮面　Hunting Masks　狩のために獲物に仮装するためのお面。
2. トーテム仮面　Totem Masks　自分の集団と特殊な関係を持つ動物の顔のお面。
3. 妖魔仮面　Demon Masks　悪霊を退散させるための奇怪な顔のお面。
4. 醫術仮面　Medicine Masks　呪術を専門とする方術師、医術、妖伏《ようふ》師が病魔を払うためにつけるお面。
5. 追悼仮面　Memorial Masks　死者の追悼の祭りに使う死者の顔のお面。死者の精霊の復帰を体現したもの。
6. 頭蓋仮面　Skull Masks　死者の頭蓋を飾り、色彩をほどこして保有する人々がいる。さらにそれを模したお面を作る。故人を偲んでこれをつけて踊る。
7. 霊的仮面　Spiritual Masks　信ずるあらゆる種類の神霊をお面に表したもの。抽象的なものがある。
8. 戦争仮面　War Masks　勇敢な顔のお面。主に戦いの舞に使う。兵の士気を高める効果を持つ。
9. 入会仮面　Initiation Masks　秘密結社に加入する時の入社式につけるお面。成年式に使うお面。

10. 雨乞仮面　Rain Making Masks　雨乞いの時につかいけるお面。

11. 謝肉祭仮面　Carnival Masks　二〇世紀に入ってからの盛大な謝肉祭のお面というより、地方地方で用いた謝肉祭のお面。

12. その他のお面。

マスク・maskという概念は、嘲り笑いとか道化師を意味するアラビア語の「マスハラmashara」におそらく由来すると考えられている」(14)。また浮かれ騒ぐや冗談を意味し、同時に仮面をつけた人や仮面それ自体も指し示す。『グリム編纂ドイツ語辞典』によると、この言葉はすでに早い時期からイタリア語に借用されてマスケラ・maschera（古くはマスカラ・mascara）となり、十六世紀アルプスを越えてドイツにもたらされ、マスケ・Maskeとなった。イタリア語のマスケラはマスクや覆面および外面や虚構、虚偽などを意味している。さらには変装、仮装そして変装した人や仮装した人をも意味している。またコンメディア・デッラルテの仮面役者をも呼称している。(15)

ドイツにおいて仮面そのものの歴史は古く、マクデブルク大聖堂（一二六〇年頃）には、聖堂のベンチの腕木に彫られた仮面の木彫りレリーフが残っている。ドイツ語圏のアルプス地帯と南西ドイツでは、木製の仮面を、幼虫や妖怪および幽霊を意味するラルフェ Larve と呼びシュヴァーベンやアレマン地方では「木彫りの仮面」を意味する。Schemen は影を意味するが、ルター以後は「空虚な影のような霊」の意味で用いられるようになった。シュヴァルツヴァルトとチロル地方では「木彫りの仮面」を意味する。これらの語はいずれも死者および幽霊、霊魂などに関連する意味を持っている。

ドイツ語のマスケは、「自らを隠すために顔を覆うもの」を意味している。『グリム編纂ドイツ語辞典』および『マイアー大辞典』によると、仮面を表すドイツ語は Maske（英語 mask）、Larve、Larve、Schemen などがある。[16] Maske は Marsche（網目）と同義語で、元来は死者を包む網を意味したものらしい。マッシェ・Masche（網目）はランゴバルト語 masca から由来する。谷口幸男著『ヨーロッパの農耕儀礼』によると、南西ドイツ・アレマン人は、墓の上に網を張り巡らして、死霊が出てこないようにした。[17]「死者を包む網」が「この世に帰って来る死者、幽霊、悪霊」という意味を持つようになった。さらにはそれが「網で顔を覆うもの、仮装した人、仮面」をあらわすようになったと考えられている。

古代エジプト第十八王朝のファラオ、ツタンカーメンの黄金のマスクで知られるように、仮面は死者の顔を覆う装置であり、死者のための儀礼や祖先の霊への崇拝とつながっている。それゆえ仮面行事には、多かれ少なかれ、死者に対する儀礼や祖先の霊への畏怖《いふ》と崇拝が反映されている。例えばスイス・バーゼルの仮面行事や、南西ドイツ黒い森のフリーディンゲンの仮面行事は、仮面を被り仮装した人たちが独特のしぐさや歩き方で、街中を巡る。不気味な沈黙や、暗闇を劈くような奇声は、彼らが異界からの来訪者であること告げている。こうした仮面行事では、ヴェネツィアの仮面カーニヴァルとは対照的に、素朴な農家のおかみさん風に仮装をした人が、「子孫たちがどんな暮らしをしているか、財産は増えたかどうか確かめるために異界からやってきた」と言って、訪ね歩く。彼らは明らかに、彼岸から子孫の繁栄を見とどけるためにやってきた祖先の霊を表現しており、ラルフェ・Larve の呼び名と意味の一致が見られる。

扮装は役作りの入り口だが、仮装した人々の歩き方や身振りを見ると、職業俳優ではなくとも、人は仮装するとキャラクターに成りきることが見て取れる。仮面は素顔を隠す道具であり、隠すことによって外面を表すという機能の転換を図る。隠すと同時に表すという仮面の二重機能性から、本心を隠し、積極的に変身して他者を演じる行為、ドラーマが生まれた。仮面がペルソナ〈別人を演じる・別人に成り代わる〉という役割を担っている。仮面は身を隠すものであり、身を隠す行為は表すことへの機能転換につながっている。仮面の有する二重機能性から、積極的に変身して他者を演じる行為、虚構としての表現様式である演劇が生まれたと考えられている。(18)

南西ドイツ・フリーディンゲンのファスナハトで。ヴェネツィアの仮面カーニヴァルとは対照的な農家のおかみさん風の素朴な仮装。手提げのついた籠は南西ドイツでは女性が買い物に行く際によく用いられている。

仮面と変身願望

衣服やアクセサリーなど装いは外見という姿かたちを変えるため変身願望と深く関わっており、人は毎日さまざまにプチ変身をして、変身願望を満たしていると言えるだろう。[19] 仮面はなかでも最も大胆な変身のアイテムであり、ジャン・ルイ・ベドゥアン（Jean-Louis Bédouin 一九二九〜一九九六）は『仮面の民族学』（Les Masques 一九六一）のなかで、仮面と変身願望の関連について言及している。「いつの時代でも、人間の精神というやつは、変貌の誘惑に曝《さ》らされてきたように思われる。しかし、その記憶が、こんにちでは、まったく忘れ去られ、無視されている、とまで言い切ることはできまい。むしろ、われわれは、そうした誘惑を、ちがった仕方で体験しており、また、古代民族とはちがった仕方でその誘惑に負けている、といったほうが正しいだろう」と述べている。[20]

古代からの伝統行事には仮面を用いた行事が多く、祭りやカーニヴァルの際には、一般に晴れ着を着て、特別の化粧をほどこすことが許されている。それは許容された範囲内での日常からの逸脱である。しかし仮面の着用は、たとえそれが祭りやカーニヴァルといった一過性の場であっても、システムから離脱するといった本質は変わらず、一時的ではあれ社会的秩序の外側にあることを視覚化している。それゆえ仮面に対する対応は、その社会の秩序の有り様やシステムが可視化されている。

ヴェネツィアにおいて祭りと仮面行列は切り離せないものとなり、制限されてはいたが、仮面の着用は社会に認知されていた。政府は仮面の着用を認めてはいたものの、「ヴェネツィアのカーニヴァルが始まる十二月二六日（聖ステファーノの祝日）からファッシングの火曜日までと定めていた」。[21] この規制は、仮面を隠れ蓑に横行する犯罪を防ぐことだったが、実際はカーニヴァルの仮面着用は社会から逸脱するエネルギーを内包するため、危機感を抱いた教会や政府からしばしば禁止され、規制されたのである。というのも日常の抑圧を忘れさせるカーニヴァルの解放感と自由は度外れていて、人びとの節度を欠いた振る舞いは仮面による匿名性と結びついて、仮面をつけることでより一層大胆になったからだ。

　仮面は素顔を隠すという特性があり、男女の区別だけではなく、社会的な立場や階層など個人のもつ情報を覆い隠してしまう。仮面と仮装は身体を覆い隠すだけでなく、別の外的人格を表すために変身願望への傾向を強めたのだ。別人に成り代わることで社会の秩序から逸脱し、個人ではあっても匿名化した集団から生成される熱狂が秩序やシステムに対する反抗のエネルギーに高まることを支配層は恐れた。祭りやカーニヴァルの無礼講は、庶民の日頃の不満をこうしたエネルギーに転化して解消させる機能を持っている。カーニヴァルにおける仮面の使用は、日頃抑えられているストレス感情の解放につながり、社会秩序を揺るがしかねない危険な装置となった。

第2章

仮装と祝祭の原風景

私たちが見ているもの、
見えているものはすべて
夢のなかの夢にすぎない。

エドガー・アラン・ポー

十二世紀のヨーロッパを激震させ、二〇〇年間に渡って行われた十字軍の遠征。その派生現象として古代ギリシア・ローマの芸術文化が再発見され、イタリア・ルネサンスが生じた。なかでも古代ギリシアのディオニューソスの祭りの発見で、フィレンツェ、ローマ、ミラノ、ヴェネツィアなどイタリアの都市国家を中心に、ヨーロッパにカーニヴァル・ブームが起こり、仮面舞踏会や仮面カーニヴァルが流行した。ルネサンスは人間の再生を古代ギリシア・ローマの世界観に求めた時代である。古典の捉え返しはディオニューソスの祝祭を中心として、舞踊、音楽、演劇へと展開し、その成果としてオペラが誕生した。一六三七年にはヴェネツィアに最初の公のオペラハウスとなるサン・カッシアーノ歌劇場が誕生した。また一六世紀頃、古代ローマ時代に由来するとされる仮面を用いた即興喜劇が復活し、現在もなお即興仮面演劇コンメディア・デッラルテ Commedia dell'arte の名で公演を続けている。

さらにミケランジェロの大理石彫刻「バッカス」（一四九七　バルジェッロ国立美術館蔵）、カラヴァッジオの油彩「バッカス」（一五九七　ウフィツィ美術館蔵）、ベラスケスの油彩「バッカスの勝利　酔っ払いたち」（一六二八～一六二九　プラド美術館蔵）など、葡萄の葉冠を冠したディオニューソスの主題は、絵画や彫刻にも取りあげられ、時代を超えて好まれている。古代ギリシアの遺跡ディオニューソス劇場付近で発掘されたディオニューソスの肖像は、老獪《ろうかい》で目と口元は激しい怒りを露にしているが、ルネサンス期の作品では若い青年像が多い。それもそのはず、酒神ディオニューソスは、ローマと切っても切れない葡萄酒醸造の神となり、ローマはバッコスの呼び名でこの酒神を継承し、葡萄栽培と葡萄酒醸造の技術を世界に伝播した。

ディオニューソスの祭りがヴェネツィアに与えた影響はとりわけ大きく、共和国のシステムとそれを支える精神構造の形成にも及んだと考えられる。ヴェネツィアではイタリア・ルネサンス期を境に、折々に開催される国家的な祝祭や式典と仮面行列が連動して行く。こうした祝祭の有り様はヴェネツィアの仮面カーニヴァルのルーツとされる古代ギリシアにおいて祝祭が国家行事と連動して開催された社会状況と精神構造的に通低している。

古代ギリシアの黒曜石の甕絵に描かれたディオニューソスの肖像（アテネ美術館蔵）。

古代ギリシアのディオニューソス劇場で発掘された大理石の遺跡。怒りを露わにしたディオニューソスのレリーフが彫られている。

仮装の伝播

ディオニューソスの祭り

ディオニューソスの祭りの詳細は残されていない。しかしながらエウリピデス（紀元前四八〇年頃〜紀元前四〇六頃）の悲劇『バッコスの信女』（BAKCHAI　紀元前四〇八〜四〇六頃）には祭りの原型が描かれ、重要な史料となっている。ジェーン・エレン・ハリスン（Jane Elle Harrison 一八五〇〜一九二八）は『古代の芸術と祭祀』のなかで『バッコスの信女』を史料に舞踏の意味を解明している。(1) フリードリヒ・ヴィルヘルム・ニーチェ（Friedrich Wilhelm Nietzshe 一八四四〜一九〇〇）は『悲劇的思想の誕生』（一八七〇）のなかで『バッコスの信女』を史料として、ギリシア悲劇の誕生とディオニューソスとの関わりを言及し、『バッコスの信女』にディオニューソス的思想の原型を求めている。(2) さらにはジェイムズ・ジョージ・フレイザー（James George Frazer 一八五一〜一九四一）は『金枝篇』第Ⅴ部1章で、ディオニューソス神の意味と儀礼について論及している。(3) 他に呉茂一著『ギリシア神話』(4) やマルセル・ドゥティエンヌ著『ディオニューソス―大空の下を行く神』などでも『バッコスの信女』を史料として用いている。これらの文献によると、ディオニューソスの祭りは仮装、舞踏そして聖餐儀礼を特徴とし、カーニヴァルと仮面の関わりを知る上で、大きな示唆を与えている。(5)

カーニヴァルと仮面

都市国家アテナイの最も重要な祭りは、ディオニューソスの聖所へ捧げる仮装行列で始まるのが決まりであった。古代アテナイにおいてディオニューソスに捧げる祝祭は紀元前六世紀半ばから演劇の上演と結びつき何日間も続いた。祝祭の場はアクロポリスの丘の東南斜面で、そこには今日もなお紀元前四世紀に完成されたディオニューソス劇場が広がっている。エスリンによると、現在演劇・演劇作品を意味するギリシア語のドラーマ Dramaという言葉は、元来行動、筋、出来事を意味している。大理石の敷き詰められた扇形の（ローマ時代に

アテネ・アクロポリス丘南斜面に広がる古代ギリシアのディオニューソス劇場遺跡（紀元前4世紀頃）

半円形に改造）野外劇場で、ディオニューソスのための儀式が行われ、ドラーマが誕生し、このドラーマから演劇が生まれたと理解されている。(6)

ディオニューソス劇場は六世紀頃はアテナイ民会の場として使われた。はじめに市民の表彰式が行われ、続いてディオニューソスを讃える合唱曲・酒神賛歌のコンテストが開催された。その頂点として最後に三日間にわたって悲劇が上演された。このコンテストの際の受賞者が三大詩人と呼ばれるアイスキュロス（紀元前五二六〜四五六）、ソポクレス（紀元前四九六〜四〇六）、エウリピデスらである。悲劇はギリシアの英雄伝説から叙事詩的な題材を取り上げ、俳優を導入することによって成立した。ディオニューソスの儀式の枠内で上演された悲劇は、外見上は常にディオニューソスの儀式に結びついていたが、しかしその内容は年を経るにつれて次第に世俗化し、形式的にも合理化されて演劇的な形式を整えていった。コロス（合唱）は俳優の立ち位置に対して次第に背後に退き、その最終段階の一つはエウリピデスによって完成された。

紀元前四八六年頃から喜劇の上演が加わり、とりわけアテナイの大デュオニーシア（ディオニューソス大祭）では悲劇より喜劇の上演が優先された。サテュロス劇によって喜劇は悲劇と明確に区別されている。サテュロス（ギリシア語のトラゴス）はバッコス（ディオニューソスの別名）の従者で、山羊の足を持ち人間の姿をした獣である。サテュロス劇では人間の仮面と

サテュロスの仮装（現代のカーニヴァル）

ともにとりわけ動物の仮面が使用された。雄山羊はサテュロスの化身であり、成人が被る雄山羊の毛皮は生殖能力の象徴とされ、豊穣と子孫繁栄を約束するものと見なされた。

サテュロス劇はそもそもコロスが喜劇Komodiaで演じた歌と踊りから発展したと考えられている。この喜劇は、コーモスKomosと呼ばれるグロテスクな仮面を被って、粗野な悪ふざけをする陶酔した若い人々によって行われた、ディオニューソスの祝祭行列に起源をもつといわれる。仮面を被って浮かれ騒ぐこの行為が、古いローマの即興仮面喜劇に受け継がれ、前文学史的な即興劇をともなう仮面行列と結びついたとされる。ディオニューソスの祭りの枠内で行われた、浮かれ騒いだおどけ芝居や、即興喜劇をともなう仮装行列が、仮面カーニヴァルの起源となったと考えられる。(7)

仮面と演劇

仮面を意味するギリシア語はペルソナ persona で、ディオニューソスの儀礼や仮面演劇において重要な装置として用いられていた。演劇に仮面を用いたのはアイスキュロスの頃からで、古代ギリシア演劇の特徴の一つとなった。コロスは登場人物の考えを観客に伝える役目をもち、コロス十二人全員が同じ仮面をつけて、一人の人物に対応していた。

紀元前五世紀の古代ギリシアの甕《かめ》絵に彫られたレリーフは、古代ギリシア演劇の仮面を今に伝えている。ディオニューソス神の仮面が木に吊り下げられ、その下に装飾されたロープが掛かっている絵は、サテュロス劇を演じた役者たちを描いたプロノモスの甕絵である。役者は演じた役柄の仮面を手に持っており、仮面演劇の舞台を描くのではなく、役者の素顔と仮面を同時に描いたことにこの絵の特徴がある。

古代ギリシアの黒曜石の甕絵に描かれた仮面を持つ俳優たち（ナポリ国立考古学博物館蔵）

この絵を見ると、古代ギリシア演劇で用いた仮面は髭と一体化して、顔と頭をすっかり覆う全仮面の造形で、目と口の部分が大きく刳《く》り貫かれている。遺されたレリーフには、上演後だろうか、仮面を手に持ってくつろぐ役者の姿も描かれている。この絵は観客と舞台の境界、神話と現実の境界を描いたものである。「仮面が顔に溶け合う」言い換えれば、仮面と一体化することで役者は役になりきると考えられていた。仮面と一体化した姿は上演される時間と空間においてのみ共有される。仮面は使い終わるとディオニューソスの祭壇に捧げられたか、埋めるかして破棄されたため、現存していない。仮面は亜麻布や木や紙、ときには葉などで作られたため耐久性がないことも、残されていない要因であろう。

仮面は役そのものを表す顔であり、客観的に見ればつけた人の顔となり、仮面はペルソナは演じる人物そのものを表わす。クルト・ザックス（Curt Sacks 一八六一〜一九五九）は、舞踊で仮面をつける意義を次のように述べている。

「しかし、その顔を隠せばより効果的であるし、なおかつ、他人の顔を貸りれば効果的になる。なぜならば、顔というものは、とくに精霊が存在するところと考えられているからだ。別の顔をつけることは別の精霊を認めることになるからである。われわれはこの他人の顔と、衣装と、飾り物を仮面と呼ぶのである」(8)。

ザックスは仮面を「他人の顔」と呼び、仮面を身体の一部と見なす普遍的な理解に対して明解に解答している。ザックスによれば、顔の部分だけを指し示すのではなく、他人の顔と衣装と飾り物の総体を仮面と呼ぶ。それゆえに仮面は固有のペルソナ（外的人格）を有し、この他者の顔をつけた者は、この人物そのものに成りきって時間と空間を生きるため、元来仮面は一回限りの使用であった。古代ギリシアの仮面劇では、仮面をつけた俳優は劇の登場人物そのものと同一視された。ギリシアの神や霊を演じることは、神や霊が仮面に可視化される姿で現れ、人々に伝えていると思われた。それゆえ仮面から生身の俳優の素顔が見えてはならず、神を演じる姿を描いてはならなかった。(9) アテネ・アクロポリスの丘南斜面に広がるディオニューソス劇場の遺跡を見ると、古代ギリシアの劇場はディオニューソス神の司どる聖域であり、舞踊と歌は神へ捧げられた神楽であったことがうかがえる。

古代ローマ演劇の仮面（模写）。グロテスクで誇張した造形を特徴とする。

　ディオニューソス劇場やエピダウロス劇場、デルフォイ神託劇場など古代ギリシアの劇場は約一万四千人から一万七千人を収容する大規模な野外劇場で、観客席は扇形の擂鉢《すりばち》状になっていた。それゆえ最上段の遠い客席からでも登場人物の役柄を識別することができるように、仮面は大きく目と口の部分が開いた誇張された造形となっていた。とりわけ、その目的としていたのは、メガフォンの用途で、音響効果の機能こそが古代ギリシア演劇における仮面の「存在理由のすべてであった」と言っても過言ではない(10)。

役者は舞台に出てくるたびに別の役を演じることがあるため、仮面を取り替えてつけることで、観客が混同することを避けるという意味もあった。また性別、年齢、社会的地位などを判別できるように仮面の造形で表現した。例えばオイディプスが両目を潰した後で登場する場面では、同一人物の変化を、仮面で可視化したのである。こうして見ると、古代ギリシア演劇において仮面は、演じ手から観客に発信する視覚伝達デザインの機能を持っていたといえよう。

カーニヴァルの原型

ディオニューソスは別名バッコスあるいはプロミオスなどとも呼ばれ、葡萄の木の神および葡萄酒の神との関連で最もよく知られている。ディオニューソスへ捧げる祭りから演劇が誕生したことから、後に演劇の神と見なされる。ディオニューソスの祭りはディテュラムプ（歌と舞踏）と仮装行列そして聖餐《せいさん》儀礼がその特徴とされ、エウリピデスの悲劇『バッコスの信女』にこの祭りの原型が描かれている。この劇のあらすじは次のようになっている。

［あらすじ］　ディオニューソスは放浪の後、母セメレーの生まれ故郷テーバイを訪れ、市中の女性たちに家を捨てて、外へ出るよう仕向ける。ディオニューソスの巫女バッカイに帰依した女性たちのなかには、ペンテウスの母でありディオニューソスの叔母であるアガウエがいて、バッカイのリーダー的な存在となっていた。ディオニューソスは彼女たちが乱舞するキタイロン山中に、ペンテウスをおびき寄せる。テーバイ王ペンテウスは、従兄弟であるディオニューソスの狂信的な影響力を嫌い、ディオニューソス信仰を禁止し、彼を捕らえようと企んでいたからだ。ディオニューソスの助言で女装し、木陰から儀礼の様子を伺っていたペンテウスを見つけたアガウエは、仔牛と思い込んで自らの手で息子を八つ裂きにし、惨殺してしまう。正気に戻ったアガウエは、ディオニューソス神に激しい呪詛の言葉を浴びせる。そして父カドモスと母ハルモーニアを連れてテーバイを去って行く。

ギリシア神話によると、ディオニューソスはテーバイ王カドモスの娘セメレーを母に、全知全能の神ゼウスを父に生まれたことになっている。ペンテウスの母アガウエはセメレーと姉妹であり、ディオニューソスとペンテウスとは従兄弟の間柄となる。ディオニューソスはアジアから来た異邦の神といわれるが、確かなことはよくわかっていない。『バッコスの信女』のプロローグでは、リュディアからともプリュギア（小アジア北部の古代国家）から来たとも報告している。この作品でセメレーを母に、ゼウスを父に生まれたことをしばしば言及し、自らの出自を公に認めさせ、ひいては母の汚名を晴らすことがこの悲劇の主題となっている。ディオニューソスは半神半人の出自を持つことから、ギリシア神話で長い間神格を認められなかった。ゼウスの妻ヘーラー女神の嫉妬によるの執拗な迫害と追跡を受け、長年にわたり地上を放浪した末、ようやく神に列せられたという経緯を持つ。『バッコスの信女』はこうした処遇に対するディオニューソスの怒りが描かれ、ディオニューソスの神格と出自を公に認めさせることで、怒りを鎮めることを目的としているようである。またアポロン＝ゼウスの調和と光の世界に対して、ディオニューソスは陶酔・狂気・混沌・闇の世界に属し、法と秩序を攪乱すると見なされていた。

エウリピデスの悲劇『バッコスの信女』の復刻上演（ギリシア・アテネのヘロデス・アッテカス音楽堂にて。2001年）

ディオニューソス的な世界観は、死と再生を繰り返す悲劇的な宿命に対する共感から成り立つ。こうした世界観への憧れは、アテナイの「市民ひとり一人の心中に以前から蟠っていた荒々しい感性が、衰弱した理性に代わって突発的に噴出したもの」と丹下和彦は指摘している。[11]『バッコスの信女』のなかで、三年毎に祭りを行うことが述べられ、葡萄の苗木が三、四年で実を付けることと重ね合わせ、ディオニューソスの働きを示唆している。

しかしここではディオニューソスが葡萄栽培および葡萄酒醸造という新しい生産技術を携えて放浪し、それを伝播することが重要なのだ。ディオニューソスがギリシア全土に広めようとしている葡萄栽培と葡萄酒醸造の技術は、新しい農耕生産の社会への扉を開く。それはペンテウスの属する古い秩序に支えられてきた社会構造の転換を迫るものとなる。ペンテウスとディオニューソスの相克は、この二つの世界観の対立から生じている。[12]葡萄栽培と葡萄酒醸造を伝播するために国境を越えて放浪するディオニューソスが迫害され、危険視されるのは、旧来の社会構造が破壊されることへの危惧といえる。『バッコスの信女』のなかで描かれているように、ディオニューソスが提唱するのは葡萄という新来の果実であり、バッカイとなって内から外へ、家から自然のなかへと女性を導き出し、彼女たちを担い手とした新たな生産社会の提示といえるだろう。

古代ギリシア研究とりわけディオニューソス研究で知られるマルセル・ドゥティエンヌ

（Marcel Detienne 一九三五～）は、ディオニューソスの放浪神としての性格を「大空の下を行く神」と特徴づけている。(13) 放浪神という彼の性質は、すでにふれたとおり葡萄栽培と葡萄酒醸造の伝播に根ざしている。新しい生産技術をもたらすディオニューソスの放浪する地では、熱狂的に彼を崇拝し、付き従う信者たちによって組織される集団ができあがった。彼に付き従う熱狂集団は、陶酔的なリズムに合わせて踊ったという。ディオニューソス神の性質はこの舞踏と移動にあり、台風の目のように、ディオニューソス旋風を巻き起こしては、移動したらしい。『バッコスの信女』は、熱狂的な信女集団を従えて、テーバイへやって来ることからこの悲劇が始まる。

赤ずきんの村として知られるドイツ・シュヴァルムシュタットの五月柱。

フレイザーによれば、そもそもは葡萄樹との関連から「木のディオニューソス Dionysus of the tree」または「木のなかのディオニューソス Dionysus in the tree」と呼ばれる樹木神であった。この呼び名からくるイメージは、「多くは単なる直立した柱にすぎない。腕はないが、マントを垂らして掛け、頭部を表すための髭を生やした面があるだけで、頭部もしくは胴から葉の繁る枝が突き出ていた。低い木または潅木が彼の粗雑な彫像で視覚的に表されている。（中略）彼に捧げられた祈祷は、『樹木を育ててください』と願うものであった」[14]とフレイザーは記している。

木のディオニューソスは葡萄栽培と葡萄酒醸造を重要な産物としたギリシアやローマにおいて、葡萄の木をディオニューソスの神像と重ねていると思われ、五月柱との関連が指摘されている。ローマの植民地だったドーナウ川やライン川流域の葡萄栽培と葡萄酒生産地域で、今なお五月になると広場の中心に五月柱を立てて、その周りで春の到来を祝う行事があり、秋の収穫感謝祭オクトーバー・フェストが終わるまで立てられている。現在に続くこの慣習をみると、「木のディオニューソス」および「木のなかのディオニューソス」という呼び名は、元来葡萄の木にディオニューソス神が宿るとして、葡萄樹の成育と葡萄果がたわわに実るように守ってほしいという願望を表わしていた。その願いが樹木と植物一般の守護神へと転換し、ディオニューソスの祭りは豊穣感謝の行事へと展開していった。ヴェネツィア人の故郷ヴェネト地方はローマ領だったことから、この植物または農作物の精霊と結びついたディオニューソス神の収穫感謝祭がこの地方にも伝えられ、ディオニューソス＝バッコスの祭りが行われていた。ヴェネツィアのカーニヴァルがヴェネツィア共和国の記録に初めて登場するのは十一世紀で、それ以前にヴェネト地方で行なわれていたバッコスの祭りがヴェネツィアに伝えられたといわれている。[15]

仮装と変身

ディオニューソスは放浪するだけでなく、牡牛や羊、葡萄の木など様々に変身することが特徴とされ、特に牡牛はディオニューソスの野獣的性格を表す真の一面を象徴するとされる。動物の毛皮をまとい、蔓草の花冠（リース）を被って仮装した信徒たちは、ディオニューソス＝バッコス神と同様に、男はバッコイ、女はバッカイと呼ばれた。彼らは夜は松明を携えて山野を踊りながらかけ巡った。悲劇『バッコスの信女』は動物の毛皮と花冠で仮装したバッカイが、一介の行者に変身したディオニューソスに付き従い、山々を馳せ踊る姿が活き活きと描かれ、詩行一〇五～一六五行に仮装行列の原初の姿を知ることができる。(16)

この作品ではディオニューソスの祭りを執り行う女性たちバッカイの扮装や、楽器、さらにはディオニューソスの祭りが三年毎に開催されたことが謳《うた》われている。またサテュロスがディオニューソスに付き従っていることが記されている。女性たちは羊の白い髭を絡ませた斑模様の子鹿の毛皮で仮装している。長い髪をほどいて風になびかせたその頭部は、常春藤《きづた》で編んだ花冠《リース》で飾られ、花冠にはたわわに実る紅い房や緑の葉が繁るミラクスの蔓を巻きつけてある。この装いはギリシア出土の黒曜石の甕絵に描かれたディオニューソスの肖像にも描かれている。バッカイたちも樫の若木または樅《もみ》の木の小枝を手に携え、杖の先には蔦《つた》の葉を絡ませ、松ぼっくりが飾りつけてある。この杖はテュルソス＝霊枝《れいし》と呼ばれ、ディオニューソスの象徴とされた。またバッカイたちは笛、シンバル、小さい鈴を愛用したとされる。これらの仮装とアイテムを携えたとき、女性たちははじめてバッカイに変身することができ、ディオニューソスの巫女となって山野を踊りながら駆け巡った。この仮装はバッコスを表すとして、ローマ時代のバッコスの祭りの仮装行列、さらにはヴェネツィアの仮面カーニヴァルにも登場する。「子鹿の皮は神の衣」と詩行で謳われているように、子鹿は幼時のディオニューソスの化身とされ、また羊と山羊も同様に彼の化身とされている。羊の白い髭を付けた子鹿の毛皮で仮装すること、そして頭に蔦の葉や紅い実もたわわな房の付いた花冠をかぶることは、野獣一般に変身して動物のエネルギーや繁殖力を身体に取り込むことや、植物の精霊一般に変身することではない。ディオニューソスの幼児の姿である子鹿に変身し、さらにはディオニューソスの象徴である葡萄の蔓や蔦でできた花冠で頭部を飾ることは、ディオニューソス神へ帰依し、ディオニューソス神と同じ姿に変身し、バッカイと呼ばれる存在に成り変ることを意味している。この変身は旧態の社会秩序を逸脱するという意味において、ディオニューソスの特性とされる陶酔・狂気・混沌という闇の領域へ踏み込むことになるが、一方この変身によって、これまで属していた社会を離脱し、新たな世界へ向かうことを意味する。しかしバッカイとなって葡萄栽培と葡萄酒醸造といった新たな生産社会へ加担することは、同時にディオニューソスにふりかかる迫害と危険視を引き受けることにつながる。テュルソス（霊枝）は、たとえヴァーチャルであれ、辛い労働の後に豊かな稔りが現れることを、バッカイの眼前に出現させ、示している。

フレイザーによれば「ギリシア人たちは〈木であるディオニューソス〉に生贄を捧げた」ことから、バッカイが携える枝はディオニューソス的身体の表象であり、この杖を通して霊力が与えられると考えられていた。[17] ニーチェによれば、この枝はディオニューソス的な「陶酔の戯れ」を可能とし、この杖が触れるものすべてが、神の仕業としか思えないような現象を引き起こす。[18]『バッコスの信女』のなかで、牛飼いの男が目撃したバッカイの異様な行動と奇跡的な現象をペンテウス王に語る場面は、奥深いキタイロンの山中で行われたディオニューソスの儀礼の原型を目の前で見るような、鮮やかな叙述で描いている。この儀礼はペンテウスの母アガウエの「さあ、起きて、目を覚ましなさい」という「叫び」で始まる。「一人が杖を取って岩を打つと、その岩から清らかな水がほとばしりでます。また一人が杖を大地に突きさせば、神の業か、葡萄酒が泉のごとく湧いてまいります。また乳を飲みたく思うものは、ただ指先で地面を掻けば、たちまち乳が吹き出てまいりますし、常春樹を纏わせた枝からは、甘い蜜がしたたり落ちる有様」。[19]

「叫び」によって出現したこの光景を、ニーチェは「魔法にかかった世界」と表現し、自然が執り行う人間との祝祭であり、自然と人間とが宥和する理想の世界と捉えている。[20]

冬の間草木は枯れ果てて、自然はあたかも死に絶えたかのように荒涼とした光景が現われる。この荒涼とした冬の景色からは、樹木神であるディオニューソスが死んでいるようにしか見えない。樹木神としてのディオニューソスの死と再生は、年ごとの春の芽吹きと冬枯れの死を繰り返す植物と重ねられ、冬を追い払い、草木を復活させるためにはディオニューソスを目覚めさせる必要があると考えられていた。それゆえ「さあ、目を覚ましなさい！」という叫びは、ディオニューソスへ呼びかけている。ギリシア神話に照らして見ると、冬はヘーラー女神に追われて受難と受苦から逃れるため、ひっそりと姿を隠しているように見え、一方春は大地母神のデメテルやペルセポネーに守られ、ディオニューソスが活動し、豊穣をもたらす季節と考えられたのだ。

身体の拡張としての舞踏空間

ディオニューソスの祭りにおける最も大きな特徴は、春を目覚めさせるディテュラムポスと呼ばれる歌と舞踏で、この歌と舞踏から演劇が発生したとみなされている。その根拠はアリストテレスが『詩学』のなかで述べたことによる。「悲劇は即席の作からはじまった。同様に喜劇ももともと即興の作であった。すなわち、悲劇はディテュラムポスの音頭取りから」はじまったとアリストテレスは記している。(21) アリストテレスは悲劇の起源をディテュラムポスにあると見ているが、そもそもディテュラムポスの意味するものについてハリスンは、乙女たちが春を呼び出すための歌と舞踏だと解釈している。「ギリシア人でさえ、Dithyrampという言葉が跳躍的な霊感を得た舞踏を意味することを忘れてしまった。だがどんな場合にその舞踏が踊られたかについては忘れなかった。ピンダロス（紀元前五二二？～四四二？　ギリシアの抒情詩人）は、アテネのディオニューソス祭のためにディテュラムプを書いたが、その歌は春の季節と花で満ちている、彼は、すべての神がアテネに来て、花冠をかぶって踊るようにと命じるのだ」。(22)

ハリスンが指摘する跳躍的な舞踏とは、春を呼び出すための舞踏である。すでにふれたとおり、その合図は、エウリピデスの悲劇『バッコスの信女』の詩行「さあ、起きて、目を覚ましなさい」という大きな叫びで始まる。(23) ディテュラムポスとは新生の歌であり、ディオニューソスそのものをも意味し、「ディオニューソス誕生の歌である」とハリスンは述べている。(24) その根拠は『バッコスの信女』の次の詩行による。

「ディテュランポスよ、
母ならぬわが胎内に入りて隠れよ」。(25)

ゼウスのこの言葉から、ディテュラムポスとは春の精霊、すなわち樹木神であり植物神であるディオニューソスを目覚めさせ、誕生を祝う、ディオニューソスに捧げる歌と舞踏と捉えられている。冬を追い払い、春を呼び出す舞踏には、冬枯れ時の絶望や衰退から救い出すための強烈な情緒の投影が求められる。ディテュラムポスの舞踏はまさにこの情緒の投影化と考えられ、集団舞踊にはその情緒を集約し牽引する力学をもつ中心的な存在を必要とする。ギルバート・マレー（Gilbert Murray 一八六六〜一九五七）は、『ギリシア宗教発展の五段階』（Five Stages of Greeks Religions. 一九二五）のなかで、そのリーダーがディオニューソスのような神であるとして、次のように述べている。「舞踊を指導するあるいは舞踊の情緒を擬人化するこの舞踊の霊は、恐らくどんな他のダイモォンよりも明瞭に天地の半ばに立つものである。エウリピ

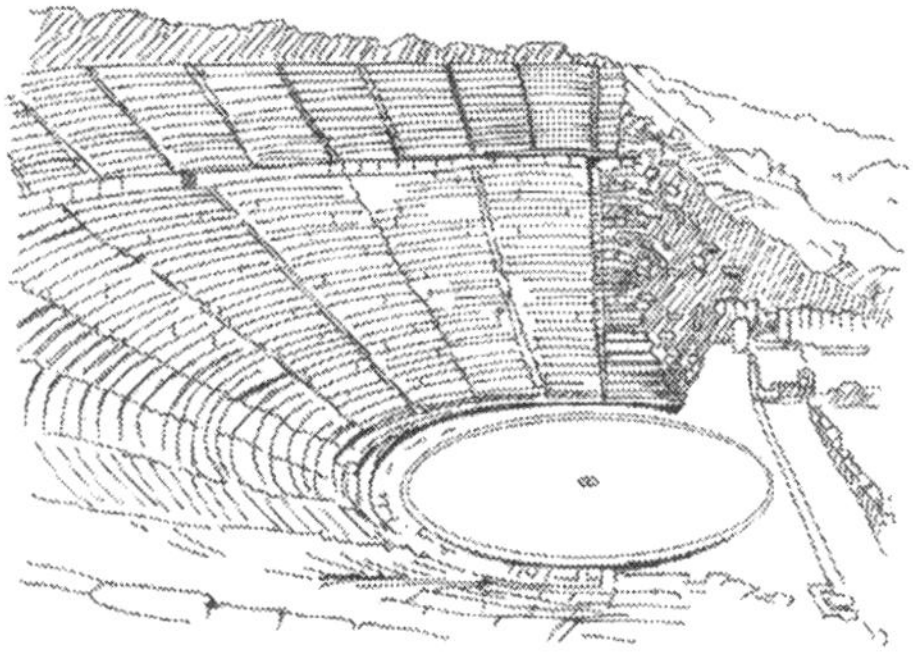

元来の古代ギリシアの劇場。円形の舞台が舞踏場。
（エスリンのスケッチから模写）

デスの『バクカイ』やその他のディオニューソス的文学に数多い難解な章句は、いかに神々が半ばは霊感をうけた主要舞踊手と単に同一視されているか、またいかに半ばは舞踊の情緒の揃え難い投影的肉化であるかを実感することで説明される」。[26]

マレーの指摘する霊感を受けたソリストは求心的な存在であり、ディオニューソス的な身体を体現している。このソリストを取り巻く集団舞踏が繰り広げられる場は、それが何処であれ一つの聖域となった。舞踏のエネルギーは踊り手から観る人たちへと伝染し、熱狂的な空間を作り出した。[27]ディオニューソスの祭りは、この解放感から生じる陶酔的な一体感を共有する空間と時間であり、その最も効果的な場は、身体をメディアとして表現する舞踏の場である。[28]

ディテュラムポスを踊ったオルケストラ＝舞踏場は、ハリスンによると、「踊り手が便利なように踏みならされた円形の踊り場にすぎなく、ときに円形のしるしに基礎石で縁取られていた」。[29]こうした事実は、この舞踏が見世物ではなく、感情を共有するための一つの行為であることを示している。それゆえ常設の劇場は必要とせず、誰かがリズムを刻み、足を踏み鳴らし始めると、街なかの仮設の小屋が舞踏の場となり、または脱穀場でさえ舞踏の場となった。そして「ディオニューソスのもっともふるい祭りは、やがてわかるようにまったく別の場所で行われた。Agora つまり市場でおこなわれたのである」とハリスンは述べている。[30]

ディオニューソス劇場ができたのは後の時代で、ギリシアの劇場が恒久的な、常設の舞台を持つようになったのは、観客と踊り手（演じ手）とが分けられ、見せるという概念が入ったからである。それに対してディテュラムポスは観客に見せるための舞踏ではなく、元来神舞や神楽がそうであったように、神に対する奉納の行為であった。ハリスンはこの行為としての舞踏を「ドロメノン」と呼び、この行為からドラーマが誕生したと理解している。[31]

他方エスリンはドラーマの意味について次のように定義している。「ギリシア語でドラマという語は行動（アクション）を意味するにすぎない。ドラマは模倣的行動である、つまり人間の行いを模倣する、または再現する行動である」。[32] オルケストラは舞踏という行為の場であり、行為の繰り返しによって投影される情感が、ディオニューソスという中心を巡って共有される場であった。ディティラムポスを共同体的な情緒の投影化と理解すれば、この舞踏は全員参加の行動＝ドラーマであり、この情緒は舞踏を介して、身体から身体へと伝播する。[33] その作用を引き起こすためには中心的な存在を必要とする。ドゥティエンヌはこうした存在を、「伝染する神」と指摘し、ディオニューソス的身体とは舞踏によって共有される一体感の中心にある存在と捉えている。

『バッコスの信女』にはディオニューソスの巫女たち（マイナス）が中心をめぐって舞う様

アテネ・アクアポリス丘中腹にあるディオニューソスの洞窟聖所。

が描かれている。その中心に存在するのはディオニューソスだが、その存在は踊り子たちが円形に取り巻くことによって、はじめて浮かび上がり、形姿を表す。円環状の輪が崩れると、ディオニューソスの形姿は崩れ、消滅する。それゆえ舞踏の場は踊り手の身体で表現された舞踏がそれ自体で完結するのではなく、見えない存在を浮かび上がらせる身体の移動が、開かれた空間を形作って行く。

ザックスは次のように記している。「中央に立つダンス・リーダーは、ディオニュソスの神であり、エジプトのオシリスや小アジアのアティス・アドニスのように、大地の五穀とともに生き、苦悩し、病み、死ぬ。そして一瞬に新しく復活するのである」(34)。ザックスが指摘する一瞬に復活する空間こそが、舞踏によって出現

ディオニューソス劇場の舞台。オルケストラと祭壇。

し、成形と消滅が連動する空間なのである。
こうしたことを考え合わせると、ディテュラムポスはディオニューソスの祭りを伝える重要な意味を持っている。舞踏は「陶酔的な」感覚と結びつき、ディオニューソスの伝染力とは、舞踏を媒介として身体から身体へと拡張するその感覚の伝播であって、それは舞踏を媒介にした場と身体の感性の拡張である。おそらくディオニューソスの舞踏は、豊穣感謝や収穫祈願に留まらず、病や苦悩、生と死をともに分けもつ、もしくは引き受ける行為だった。それによって祝祭は日常的な労働につながる生産的行為を支えるものとなったのかもしれない。そもそも『バッコスの信女』ではディオニューソスの怒りが、ディオニューソス自身によって語られるが、声のみの登場で舞台にその姿が現れないのが興味深い。彼の怒りは半神半人のため神の世界でも人間の世界でもアウトサイダーとされることにある。ここから生じる苦悩と怒りを鎮めるための祝祭についても彼自身が語っている。このような祝祭空間には踊り手と観る人の区別はない。祭りは見世物ではなく、神が人々に伝え、そして人々から引き受ける、感情の共有の場であった。

こうした舞踏場から大掛かりな劇場へと移行し、一つの運命共同体としての国家意識の共有のために、国家主導の文化政策・宗教政策として祝祭を行ったのが、僭主ペイシストラトス（在位前五六〇〜五二七）といわれる。[35] 呉茂一によると、元来ディオニューソス像はアテナイ郊外の山間のエレウテライに祀られていた。アテナイの僭主ペイシストラトスが、このディオニューソス神像をアテナイに運ばせた。[36] その聖所となったのが、アクロポリス東南の崖の洞窟である。その南斜面のディオニューソス劇場で、春の大ディオニーシア（ディオニューソス大祭）を開催した。

この祭りはディオニューソスの儀礼の形を保ってはいたものの、アテナイの全市民を巻き込む一つの文化的なパフォーマンスとして行われた。大ディオニーシアは三月末の五日間に渡って開催され、そのうち三日間で、一日一組のトラゴーイディアが上演された。戦争時はトラゴーイディアとさらに一遍のコモーディアとが競演された。トラゴーイディアの一組は、同じ作者の三篇の演劇と、最後に付け加えられた一遍のサテュロス劇から構成された。

ディオニューソスの祭礼から生じたギリシア演劇への展開について、丹下和彦は次のように述べている。「前五世紀は、のちに啓蒙の世紀と呼ばれることになるが、そこでは、人間と人間が住む世界＝共同体との関わり、また共同体内での人間同士のかかわりを探る精神活動も活発化した。その一つが劇場という場、劇という形式を借りて行われたギリシア悲劇の諸作品である」[37]。

ディオニューソスの祭礼からギリシア演劇への展開は、舞踏場という一つの集落的な求心的な共同体から都市国家といった拡張的な大規模な共同体への転換を生じさせた。劇場様式の変化は演じられる内容の変化を表わしている。ディオニューソスが移動する神であったときは、小さな舞踏場は一体感を共有する場として機能した[38]。しかし都市国家アテナイの守護神「エレウテライに坐すディオニューソス」[39]として祀られたとき、扇形の客席を抱える円形の大劇場が祭礼の場となり、やがて演劇の上演の場となった。行為の場としての身体空間から、見ることによる経験の場となった。見せる者と見られる者が生じ、観客と演技者の分離が成立した。こうした大ディオニューシア祭の儀礼の始めに行われた仮装行列は、移動する神ディオニューソスの記憶を呼び覚ますものであり、伝染する神ディオニューソスの変容を示すものである。この変容による劇場様式の変化が、後にローマのスペクタクル形式へと展開し、ローマ文化を代表する「パンとサーカス」の国家主導の文化を生み出したと考えられる。この「パンとサーカス」の文化政策はヴェネツィアのカーニヴァルの催しへと形を変えて継承され、イタリア・ルネサンス期に広場で行われたカーニヴァルの見世物の原型となったと考えられる。

古代への思い

すでにふれたとおりヴェネツィアの仮面カーニヴァルは、ディオニューソスの祭りの仮装行列に由来するとされるが、ディオニューソスの仮面とヴェネツィアの仮装行列との結びつきについての詳細は言及されていない。とはいえ仮面が仮装行列に結びつくためには、一つの歴史的なプロセスがあり、先史のことはわからないが、十字軍遠征の派生現象として生じたイタリア・ルネサンスとの関連が考えられている。この時代古代ギリシア・ローマの芸術文化の捉え返しが盛んとなり、古典の音楽や、仮面演劇が復活し、ディオニューソスの祭りの仮装行列がルネサンス期のカーニヴァルの仮装につながった(40)。とりわけ古代ローマ時代の邸宅の庭園から発掘された彫像や壁に彫られた古代ギリシア・ローマ演劇の仮面やバッコスの祭りの仮装行列の様子が描かれたレリーフは、中世ヨーロッパに、仮面を用いたカーニヴァル・ブームを巻き起こした。

古典の再発見を背景に、古代ギリシア・ローマのバッコスの祭りはヴェネツィアのカーニヴァルと仮装に大きな影響を及ぼし、カーニヴァルの展開にとどまらず、仮面カーニヴァルの華麗さを支える社会構造と精神文化の形成に波及して行く。

古代ギリシアの仮面文化とヴェネツィアの仮面行列との関連を考える上で、ディオニューソスの仮面をめぐるレスポス島の伝承と、アテナイのレーナイアの祭式は、大きな示唆を与えてくれる。アテナイに伝わる伝承の祭式を足がかりに、ヴェネツィアの「海との結婚」の儀式や仮面行列の原型から祝祭の物語空間への変容を読み解いてみたい。

ディオニューソスの仮面は古代ギリシア時代の黒曜石の甕絵に描かれた仮面や、古代ローマ時代の貴族の邸宅の庭を飾ったレリーフが知られ、神像としての仮面のイメージより、むしろ演劇の仮面のイメージが大きい。元来仮面は神格を有していると思われ、神事空間を創出する装置として用いられた。演劇の仮面として用いられるのは後のことであって、ディオニューソスの仮面も神像にその起源をもっている。ディオニューソスの神像を表す仮面についてパウサニアスは『ギリシア記』のなかで、レスポス島の町メテュムナで聞いた話を記している。「メテュムナの漁民が、網で海から、オリーブ樹に彫った面を引上げた。面の顔つきは一種の神々しさを帯び、異国風でギリシアの神々にはなじまないものだった。そこで、メテュムナではピュティアに、この像はどの神または英雄のものか、とたずねると、巫女はディオニューソス・パレン[原注(3)]として拝むように命じた。このため、ここでは海から上がった木彫神像を自分たちの許に置いて、供犠や祈りを捧げて祀り、ブロンズ像をデルポイまで送った」[41]。

このパウサニアスの聞書きにはディオニューソスの仮面が海底から現れたと記述されており、エレウテライからアテナイへのディオニューソス像の到来とは対照的な、仮面の起源に対する解明しがたい謎が幾つか含まれている。まず仮面について「オリーブの木で作られた」とあるだけで、他の描写が一切なく、その形姿はまったく知らされない。さらに、「神託により木彫り神像である仮面はレスポスに残され、代わりの青銅の複製をデルポイへ送った」と記されている。デルポイにはエピダウロス劇場があり、ミケーナイで発掘された黄金の仮面と複製との関連が推察される。しかし最も大きな謎は仮面についての情報で、わずかにオリーブの木といった材質以外に何も知らされないことである。レスポス島でのディオニューソスの仮面顕現の説話は、クロード・レヴィ＝ストロース（Claude Lévi-Strauss 一九〇八～二〇〇九）の仮面の研究に照らしてみると解かりやすい。レヴィ＝ストロースは『仮面の道』（La voie des masques. 一九七五）で、スクソアクシ仮面の研究で、仮面にまつわる起源説話を収録している。そして「到達点、つまり地上であるという点は同じであるにせよ、一方では仮面が、天つまり上空から来るのに対し、もう一方では神話のなかで湖底にあるとされる地下世界から来る」[42]と述べている。

天から屋根に降りてくる、もしくは湖底から引き上げられる仮面は、神体もしくは神格の表象と捉えられている。すでにふれたとおり、仮面はむしろ表象されないものをイメージさせる表象であり、見えていないものを物語っている。それゆえ身体の抽象化を可能とする。レヴィ＝ストロースが『仮面の道』で述べたように、仮面は二重の性格を持っている。ここでの二重性とは一般にいう仮面と素顔という対比で述べているのではなく、表象されたものと表象されなかったものという意味での二重性である。ディオニューソスの仮面を見る場合には、この意味での二重性を見る必要がある。というのも神話と伝承に登場するディオニューソスの特性は変身であり、幼児のときから絶えず変身するものとして描かれている。その理由はゼウス神の妻である女神ヘーラーの追跡の眼を幻惑させるためとも考えられるが、もとよりディオニューソスの本質はさまざまに変身する神であり、幾つもの顔を持つディオニューソスを表すことは、他の顔を切り捨てることを意味する。「一つの仮面とはまずそれが表しているものではなく、それが変形するもの、つまり、表さないことを選んだものである」という視点に立って、[43]仮面を見る必要がある。そして「神話と同じく、仮面もまた、肯定するのと同じに否定するのである。仮面はそれが語り、あるいは語っていると信じているものによってのみ成立しているのではなく、それが排除しているものによっても成立して

いるのである」とレヴィ＝ストロースは述べている。(44)

一方ドゥティエンヌは、仮面によって表象されるものと表象されないものについて、顕現と不在の関連性で捉え、ディオニューソス到来のタイプを三つに分類している。ドゥティエンヌの分類によると、第一に仲介役の使者たちを通じての間接的到来の場合で、この使者たちが信仰を導入し、人形を持ち込み、その影像を運び込む。すなわちディオニューソスは人形または彫像という一方的な対象として訪れる。第二の伝染のタイプは、半ば始められた葡萄栽培の地域への、葡萄樹の神、葡萄酒の神としての到来である。適切な発酵法・醸造法を伝える技術者として訪れる。第三は、リュクルゴスのもとへの到来、ミニアデスの宮殿への到来、テーバイ市への大再臨を一まとめにしたものである。この場合は不可思議な現象を引き起こす神性を表す存在である。(45)

第二の分類のタイプである葡萄樹の神としての到来は、すでにフレイザーの研究で指摘された「木のディオニューソス」と「木のなかのディオニューソス」に関する説明と、『バッコスの信女』に関する説明で述べており、第三のタイプについては、『バッコスの信女』に関する説明で扱っているので、ここでは第一のタイプについて言及したい。

ディオニューソス像をアテナイへ運んだことは、パウサニアスの『ギリシア記』に採録されている。「この平原にディオニューソス神殿。古くからあった木彫神像はアテナイに運ばれ、今日ここにある像は古像の模刻である」と記している。[46] エレウテライのディオニューソス像をアテナイへ移した際に見られるように、彫像や人形は人が担ぎ回し、最終的には聖所に安置して崇拝した。これに対して仮面は、C・G・ユングが指摘するように、人がそれをつけることでペルソナを持ち、それ自体として動き出す。[47] さらには人がそれをつけて動くことで、その役割を遂行する変身の装置となる。それ自体では動くことのできない静止した彫像や人形と比べ、動的な性質を内包する仮面との本質的な違いである。

アテナイへのディオニューソス像の到来は、ディオニューソス神が都市国家アテナイの守護神へと変容したことを表している。大ディオニューシア祭がディオニューソスに捧げる仮面行列で始められたことは、ディオニューソスが動かない神像として神格化されたことを示している。ディオニューソス劇場における仮面行列と仮面演劇上演は突然行われたのではなく、それ以前に原型とみられる祭礼が行われ、大ディオニューシア祭の仮面行列から仮面演劇へと展開したと考えられる。その証拠の一つと考えられるのは、一月末にレーナイアの祭りで、アテナイのリムナイにあるレーナイオン聖所で挙行された。「ディオニューソスに神聖な常春藤で社殿を飾り、参詣人も常春藤の冠をつける。新酒を汲み、行列をおこない、前四五〇年からは劇場で演劇があった」[48]と呉茂一は述べている。この祭りには葡萄を収穫し、酒を造るという酒神ディオニューソスのための仮面行列と演劇の上演が行われた。さらに二月末に三日間挙行されたアンテステーリアの祭りでは、アテナイで興味深い儀式が行われた。「第二日目には、今年の豊穣を祈る呪いとして、ディオニューソスと大司祭に当る司祭長官（アルコーン・パシレウス）夫人の象徴的な結婚式がブーコリオン（牛を飼う）のディオニューソス社で挙行された」と呉茂一は記している。(49) この祭式はディオニューソスの神像が仮面であることに特徴がある。ドゥティエンヌはディオニューソス聖所のうち最も神聖な場所アッティカ郊外リムナイの聖所でのこの儀式についてさらに詳しく述べている。「祭式を執り行う女性市民たち」以外、この仮面は「見ることを厳しく禁じられていた」。(50) さらにドゥティエンヌは、この仮面は「男の目には禁じられている面、アテナイとその領土全域への支配権を示す面」であり、何よりも大事なことに、この結婚式は政治的な祭式で、都市国家アテナイにとって「必須のものであり、聖所全域にゆきわたる公示性の要請に従ったものである」と述べている。(51)

この結婚式はディオニューソス劇場で行われた大ディオニューシアの祭りの基盤となる祭式で、続く大ディオニューシア祭は、この祭式の国家的な祝宴と位置づけられた。それゆえディオニューソス劇場で行われた大ディオニューシア祭は、アテナイ市民全員の参加が義務付けられた国家行事として行われた。アンテステーリア祭のディオニューソスの婚礼は都市国家アテナイの共同体としてのアイデンティティの有り様をディオニューソスの神話に重ね合わせた政治的な典礼であるといえよう。都市国家アテナイといった名称がその守護女神アテネにちなんでいることを考えると、この結婚式がディオニューソス神と都市国家アテナイのファースト・レディとの間で執り行われたことは、この都市国家の理念の変容を示すものである。それゆえこの祭式は、市民全体に公示して周知しなければならなかったし、それに続く大ディオニューシアはこの擬人的婚礼を祝う行事だったと考えられる。こうした社会構造の変容を「結婚式」という社会契約として宣言したことに、ヴェネツィアの「海との結婚」の原型と重なる国家形成の理念がうかがえる。両者の結びつきは偶然とは思えず、おそらく十字軍遠征の際に出会った古代ギリシアへの想いが具現化されたのかもしれない。

都市国家アテナイにおけるディオニューソスの神格化は、戦争勝利の女神アテナイを冠した軍事国家から、豊穣の神ディオニューソスと同盟を結び、生産国家としての意志を表明するものであり、この祭式は武力統治から農耕改革への転換を公示したマニフェストとして捉えられる。この国家体制の変化は、ディオニューソスを移動する神から定住する神へと変え、ディオニューソスの祝祭空間である街中の小さな舞踏場は、アクロポリスの丘南斜面の大きなディオニューソス劇場へと移された。この聖域において行なわれたエウリピデスの悲劇『バッコスの信女』の上演は、ディオニューソス劇場がディオニューソスの神格化を称える物語空間であることを宣言するものとなった。そして舞踏の中心に立つディオニューソスは、ディオニューソス劇場を見下ろす断崖中腹にある洞窟に移されたために、行為としての舞踏からやがて見せるための仮面演劇へ展開したのではないだろうか。この仮面演劇の装置として最重要なものはディオニューソスを象徴する仮面であり、大ディオニューシア祭でディオニューソスに捧げると同時に、標識として大事な出来事となった。

ディオニューソスの仮面をめぐる出来事は、ディオニューソスの抽象化の過程を示しているように思われる。ディオニューソスのアテナイでの定住化は、その役割において、農作物の豊穣を方向付けるだけでなく、グローバルな都市国家への展開を方向付ける標識となったからである。仮面は、すでにふれたとおり、こうしたディオニューソスの一つの側面を切り取って表した抽象化の結果である。アテナイの祭式に用いられた仮面をパウサニアスの採録したレスポス島説話のなかのオリーブの木でできた仮面と重ねて考えるのは飛躍かもしれない。しかし最古とされるオリーブ樹がアクロポリスの丘に聳えるパルテノン神殿の女神アテネの木とされることを考えると、仮面を媒介としたディオニューソス劇場とディオニューソスの聖域全体を結ぶ空間は、ヴェネツィアの「海との結婚」につながる物語空間の演出に投影されて行く。

アンステリーアの祭式に見られる古代ギリシアの劇場型物語空間の演出は、前五世紀頃のギリシアの社会背景と関連している。前五世紀ほぼ百年間におよびギリシアは、国外はペルシア戦争、国内ではペロポネス戦争（前四三一～前四〇四）に憂慮する時代であった。前四九〇年と前四八〇年の二度に渡りペルシアに侵攻され、しかも前四八〇年の侵攻で、アテナイはペルシア軍に占拠された。ペルシア戦争後アテナイは、エーゲ海域の諸都市国家ポリスと同盟を結び、諸ポリスの上に立つ盟主国となった。しかしペロポネソス戦争が勃発し、アテナイとスパルタによってギリシアが二分される内戦が生じた。各ポリスから供出された同盟の基金はやがてアテナイの管理下に置かれ、この資金力を背景にエーゲ海に君臨する都市国家に発展した。都市国家アテナイは文化的に繁栄を極めるかたわら、国力は衰退の兆しを見せていた。こうした時代を背景に、アンテステーリア祭においてディオニューソス神はアテナイ全域の象徴的守護神として儀礼を行われることになる。この出来事は、共同体アテナイという都市国家ポリスが一つの有機体としての精神的営みの一環として、ディオニューソス的な象徴を必要としたことを物語っている。こうした物語空間の演出は、古代ギリシアの都市国家アテナイに想いを重ね、擬似共和制を取り入れ、東地中海に君臨したルネサンス期のヴェネツィア共和国へと受け継がれて行ったように思える。

第3章
古典世界との出会い
——十字軍遠征の派生現象——

影響を免れることなど、人には不可能だ。

アンドゥレ・ジッド

古代ギリシア・ローマの再発見

十字軍遠征の派生現象

ヴェネツィアの仮面カーニヴァルが成立する社会的な背景の一つに、十字軍の遠征が考えられる。十字軍の遠征はその派生現象として、ヨーロッパに香辛料や絹など、これまで手に入らなかった貴重な品々をもたらした。オリエントから運ばれる貴重な品々との出会いは、ヴェネツィアが東方交易（レヴァント交易）の制海権を掌握する契機となった。一方文化的な影響力という側面から見ると、十字軍の遠征で古代ギリシア・ローマの芸術と思想を再発見し、イタリア・ルネサンスへと開

花する文化的背景を準備した。さらには社会のシステムへの影響を見ると、フィレンツェやヴェネツィアやジェノヴァなどで、コムーネcomune（自治区）とアルテ（ギルド）が成立した。こうした社会システムの変化は、イタリアにカーニヴァル・ブームを引き起こす背景となった。ヴェネツィアの仮面カーニヴァルは、こうした社会構造の変化を追い風にした文化的爛熟のなかで特異な展開をした。十一世紀に始まり中世ヨーロッパを二〇〇年余りに渡って揺り動かした十字軍遠征を背景に、ヨーロッパでは社会構造の変化が生じ、国家としての体制を整えつつあった十二世紀ヴェネツィアに、華麗な仮面カーニヴァルの成立を促したと考えられる。

十字軍の遠征は一〇九六年の第一回十字軍の結成で始まり、一四五三年第四回十字軍遠征でビザ

サン・マルコ大聖堂に掲げられた４頭の青銅の馬

ンツ帝国の首都コンスタンティノープル陥落で終息へと向かった。エルサレムは現在イスラエルの首都となっているが、ユダヤ教、キリスト教、イスラム教の三つの宗教が誕生した聖地があり、十字軍の遠征は聖地エルサレムをめぐるキリスト教世界とイスラム世界の戦いだった。台頭するイスラム勢力の脅威に対抗するために、一〇九六年にローマ教皇の提唱で「キリスト教の聖地エルサレム奪回」を旗頭に掲げ、第一回十字軍が派遣された。

　第一回十字軍はバルカン半島を西の海岸沿いに進み、陸路を取ってパレスティナを経由し、エルサレムへ向かった。第一回十字軍による聖地奪回が成功し、エルサレムにキリスト教国を建設したことで、大量の物資や十字軍兵士を移動するために多くの船を必要とした。その結果イタリア半島の東端に位置するヴェネツィアに西ヨーロッパ大陸からの騎士団が集結するようになり、ヴェネツィアを経由して、海路を取ってエルサレムを目指すようになった。この頃アマルフィがイタリア半島で最強の海運国家といわれ、イタリア半島の西側に位置し、ナポリに近い港町として栄えていた。十字軍の遠征という歴史的事件を契機に、ヴェネツィアは海運国として名を馳せることとなった。コンスタンティノープルの陥落で、数世紀に渡る十字軍遠征が行なわれ、終焉するまで、ヴェネツィアは中継港として栄えることになった。ヴェネツィアは、「十字軍の遠征隊に船をレンタルするだけでなく、水や食糧に加え、乗組員や兵士まで貸し出す」ことになった。[1] これによってヴェネツィアは莫大な契約金を手に入れ、価格のつり下げを提案する代償として征服地の一部をヴェネツィアに割譲するという条項を契約に含めることに成功した。(2) ここにはヴェネツィア商人の実利的なビジネス・センスの巧みさが見られ、この契約により十字軍が戦果を収める度に、ヴェネツィアの領土が拡大していった。イタリア・ルネサンス期の十五世紀、ヴェネツィア本国の人口は十八万人を数え、パリに次ぐ大都市となっていたが、さらに、広大な海外領土のすべてをあわせた総人口は二百万人を越えるほど膨んでいた。

ヴェネツィアは十字軍の戦果として国外に領土を手に入れただけでなく、東地中海交易を一手に牛耳ることとなった。すでにふれたとおり、十字軍の遠征で兵士たちが戦地で触れたのは、ヨーロッパにはない胡椒やナツメグ、シナモンなどの香辛料やコーヒーやタバコなどの嗜好品、絹や毛皮、羽飾りなどの服装品だった。しかしながら十一世紀頃のヨーロッパの最も重要な貿易品は人間、つまり奴隷だった。「その供給源はイギリスと、ことにドイツの奥地に広がるスラヴ世界だった。ヨーロッパは、かわりにいくらかの珍奇な東方物産と多くはアラビア金貨を得た。彼らはそれで東方ビザンツからの奢侈品を買った」と堀米庸三は記している。(3) 塩野七生もまたこの頃の最重要な商品は人間だったと述べており、さらに北アフリカに売っていた商品として、造船用木材、布地、武具、工芸品をあげている。(4)

十字軍遠征を契機に、ヴェネツィアはこうした中継貿易で対外的な経済活動が活発になり、貨幣から為替へと交換経済の仕組みを変化させた。十字軍の遠征を背景として生じた経済力を保持するために、ヴェネツィアやフィレンツェなどでは、ギルド＝アルテ（同業者組合）が形成され、コムーネ＝共同体の成立を促した。その要因として、十字軍の遠征に象徴されるように、ローマ教皇を頂く教会と皇帝という中世ヨーロッパにおける二重の権力構造が関係している。

ギルドとコムーネの成立

地中海を舞台に活躍したヴェネツィア商人は、シェイクスピアの劇作品『ヴェニスの商人』にも描かれている。交易が盛んになるに従い、飛躍的に貨幣の流通量が増大した。その恩恵に最初に浴したのはヴェネツィアで、港を通過する商品に関税を掛け、中継交易地としての地位を確立していった。この結果莫大な富がヴェネツィアに蓄積され、ヴェネツィアの通貨ドゥカートは、アルノ川沿いで繁栄を誇り、花の都と呼ばれたフィレンツェの通貨フィオリーノと並ぶ、二大基軸通貨となった。しかし中世はローマ教皇と皇帝といった二重の権力構造で成り立ち、皇帝を中心とする支配階級は武力で、一方教皇を頂点とする教会勢力は信仰の力すなわち精神の世界で庶民を支配していた。こうしたシステムが成り立つ中世社会は、常に不安定な状態に置かれ、時には激しく対立した。こうした中世の一千年間を一般に「暗黒の時代」と呼ぶ。「やっかいなことに、すべての生産活動に対して、支配階級だけでなく同時に教会も独自に税金をかけていた」[5]と池上英洋は指摘している。また教皇庁自体は、一つの独立した国家として「世俗権力を行使する存在だったため、両者の間では諍いが絶え」なかった[6]。しかし、多国間交易で商業活動が活発になるルネサンス期にギルドが形成され、こうした二重権力構造は変化して行く。ギルドの成立により、経済力を背景にした商人層が、政治の舞台でも中心的な役割を担うようになったのだ。商人は職種ごとにギルドすなわちアルテ（同業者組合）を組織して、同業者の既得権益を守ろうとした。ギルドが認めた者だけに親方（マエストロ／マイスター）の資格を与え、同業種への新規参入を制限した。彼らは後に価格のコントロールも行うようになり、ギルドを基軸とするシステムが、イタリア・ルネサンスを生む母胎となった。ギルドが同業種への新規参入を

サン・マルコ大聖堂内に保管されている青銅の馬。

制限する排他的な組織だったことから、この組織に入れない大多数の人々は、教会と皇帝の二重支配に加えて、さらにギルドからは疎外されるという三重の権力構造に抑圧され、貧富の差が開き、社会的な格差が生まれた。他方ギルドの形成により、皇帝とローマ教皇といった二重権力構造がしだいに弱体化し、ルネサンス期における商人層の活力は新たな社会基盤を生み出す原動力となっていった。

ギルドの登場は合議制で政治を執り行うコムーネの成立を促した。ヴェネツィアはコムーネから発展して、合議制で政治を動かす共和制都市国家を成立させた。ヴェネツィア共和国一千年の歴史のなかで王侯が存在したことは一度もなく、商人層の代表者からなる十人委員会と都市国家ヴェネツィアを代表する総督（ドージェ）を中心とする合議制で政治を執り続けた。ヴェネツィアは精神世界では教会の支配に従いながら、システムでは古代ギリシアの都市国家ポリスを範とした合議制国家を成立させた。擬似共和制と呼ばれるヴェネツィアの有り様は、第四回十字軍の遠征の際にヴェネツィア海軍がコンスタンティノープルから持ち帰った四頭の青銅製の馬に象徴されている。

ヴェネツィア海軍を中心に組織された第四回十字軍は、コンスタンティノープルで宮廷の陰謀があり、キリスト教の聖地エルサレムに向かわず、ビザンツ帝国の首都コンスタンティノープルを占領し、しかも略奪してしまった。(7) ビザンツ帝国内のクーデターという偶発的な結果とはいえ、ヴェネツィア海軍が傭兵や外国人部隊で編成されていたことを考えると、「第四次十字軍に経済的動機が働いていた」(8)ことは否定できない。そのひとつの証となるのが、彼らが取り去ってしまった四頭の青銅製の馬である。しかしサン・マルコ大聖堂の正面屋根の上に掲げられているこのギリシア出土の青銅製の馬たちは、ヴェネツィアがギリシアの都市国家ポリスを模範とした合議制国家を標榜する象徴となった。

精神世界は教会に従い、現実はギリシア的な合議制によって運営するという二重基準によってヴェネツィアは、キリスト教世界とイスラム社会とのバランスを取りながら、どちらの勢力にも属さず、はるか古代ギリシアという過去の世界への想いをたどって、自治を守ることを貫いてきた。ヴェネツィア共和国のこうした在りかたは、日常と非日常という二重性の間で自由を保持する仮面と素顔の関係に似ているように思う。ヴェネツィアの仮面カーニヴァルはこうした二重基準のもとでバランスを保つ社会のシステムを背景に成立し、イタリア・ルネサンス期にヴェネツィア独自の展開を遂げたのだ。

古代ギリシア・ローマとの出会い

古典の捉え返し

十字軍の遠征による影響は経済的なものだけではない。十字軍の遠征が芸術と文化に与えた影響は大きく、ヴェネツィアの仮面カーニヴァルの成立の背景となった。古代ギリシア・ローマの芸術と文化の再発見は、後にイタリア・ルネサンスを開花させる思想的準備段階となったばかりではなく、ヴェネツィアの仮面カーニヴァルの成立に関わっている。

十字軍の遠征で赴いた兵士たちが、オリエントで触れた古代ギリシア・ローマの芸術と文化は、彼らの祖先が親しみ、模範としたものだったが、古代ギリシアから共和制ローマへ、そしてローマ帝国へと古代地中海世界の覇権が移り変る過程で忘れ去られ、その後ゲルマン諸民族の侵入により破壊されたのだった。「ゲルマン諸民族は部族ごとに国家を打ち立て、程なくすべてキリスト教化し、中世に突入します。このおよそ千年もの間、それまでの科学的な知識や哲学、芸術は、修道院がほとんど独占していたも同然でした。そして、ごく一部の学者・知識人を除いて、それらはことごとく否定されるか、あるいは忘れ去られてしまいました。一神教であるキリスト教の世界にあっては、ギリシア・ローマ神話の多神教をベースとした文化がそぐわないというのも、その大きな理由の一つでした」[9]と池上英洋は指摘している。ゲルマン諸民族の侵攻で破壊されたのは葡萄栽培もその一つで、それによって葡萄酒醸造の技術とそれに関わる文化も壊滅的なダメージを受けた。しかしイスラム圏とビザンツ帝国で古代ギリシア・ローマの遺産は受け継がれ、わずかに命脈を保っていた。十字軍の兵士たちが触れたのは、イスラムとビザンツに維持されていた古代ギリシア・ローマの芸術と思想であった。こうした文脈のなかで、第一回十字軍の遠征とヴェネツィアで仮面カーニヴァルが、十一世紀の共時的な時間軸で展開したことを見ると、古代ローマのバッコスの祭りは十字軍遠征による、古代ギリシア・ローマの再発見による成果と考えられる。

十字軍が再発見した古代ギリシア・ローマの芸術に、ローマ時代の邸宅の遺跡がある。この遺跡のレリーフは、カーニヴァルの起源が古代ギリシアのディオニューソスの祭りと関係すること、さらには古代ローマでバッコスの祭りと仮面演劇が行われていたことを物語っている。ローマ時代の貴族の邸宅の遺跡から発見された、古代ギリシアのディオニューソスの神話や儀礼の様子をモチーフとしたモザイク画のなかには、犠牲の牡牛の儀式の様子を描いたディオニューソスの儀式に関連する絵柄もあり、エウリピデスの悲劇『バッコスの信女』

と合わせて考えると、その儀礼の様子が窺い知れる。[10] またデュオニューソスの祝祭の一環として行われた仮面演劇をモチーフとしたモザイク画も発掘されており、仮面と祝祭そして仮面劇への展開を知ることができる。これらのモザイク画はローマ時代の貴族の邸宅に好んで飾られたといわれ、ローマ時代に古代ギリシアの芸術と文化の受容が盛んだったことを物語っている。

古代ローマのバッコスの祭りがヨーロッパに伝えられた手がかりを、バーバラ・G・ウオーカー（Barbara G. Walker　一九三〇〜）は次のように記している。「ローマ帝国でブドウ酒用のブドウがあるところではどこでも、バッカスはブドウ酒の、および酒祭の狂宴の神として崇拝された。ラインラントのバカラックという町はバッカスのためにそう名づけられたのであった。20世紀になっても、ブドウの成熟はバッカスの力によるものであると考えられ、川の小島にあるバッカスの古代の石の祭壇を見て、その年のブドウの成熟がどうであるかを予知した」。[11]

この引用に出てくるバカラック（Bachrach）のドイツ語の発音はバッハラッハで、ライン川沿岸にあり、古くから葡萄酒の産地として知られている。ラインラントはドイツ西部に位置するライン川沿岸の一帯を指し、古代ローマ帝国の時代から都市が建設され、古代ローマ文明が栄えた最も古い地域である。ドイツ西部一帯でローマ帝国時代にバッコスの祭りが行われていたことは、バッコスの祭りがバッカナリ＝バッコスの祭りとして、ヨーロッパ各地に伝播したことを示している。

ローマは侵攻する先々で葡萄栽培を行い、カール大帝は遠く離れた故郷ローマから葡萄の苗木を取り寄せ、寒冷のドイツの地でも育つよう品種改良まで行った。ローマ人は消毒のため水に葡萄酒を混ぜて飲み、葡萄酒は植民地でも彼らにとって欠くことのできない飲料だったのだ。というのもローマ人は水が原因で病気になったり、体調を壊したりすることで、軍隊の戦力が衰退することを何よりも危惧した。それゆえ葡萄酒の醸造はローマにとって何より重要なことだった。葡萄酒醸造のシンボルとしてディオニューソス神はバッコスというローマ名を与えられて、ローマの葡萄栽培の守護神となった。言い換えれば、バッコス＝ディオニューソスを復活させてでも葡萄栽培を広める必要があった。バッハラッハの事例と十字軍遠征による古代ローマ時代の邸宅のレリーフは、ローマで再びバッコスの祭りが盛んに行われ、その一環として仮面行列が行われたことを暗示している。

十一世紀から数世紀に渡って行われた十字軍遠征による古代ギリシア・ローマの芸術と思想の再発見は、フィレンツェやヴェネツィアにおいて古代ギリシア・ローマの芸術と思想の研究を促し、十五世紀に開花したイタリア・ルネサンスを準備した。それゆえ十字軍遠征による古代ギリシア・ローマの再発見は、イタリア・ルネサンスの萌芽と見なすことができる。

さらにはその一つの成果としてヴェネツィアの仮面カーニヴァルの成立と展開を促したと見られる。

ルネサンスの始まりと終焉

スイスの思想家J・Ch・ブルクハルトが『イタリア・ルネサンスの文化』で記して以来、ルネサンスとは十五世紀に起こった古代ギリシア・ローマの芸術文化の再生と見なされてきた。十五世紀に起きたイタリア・ルネサンス期には絵画、彫刻そして建築など豊かな作品が生まれ、ヨーロッパの文化芸術史上において特筆すべき出来事だったことから、ルネサンスの絶頂期をこの時代に定めることは共通している。しかし樺山紘一著『ルネサンスと地中海』や池上英洋著『ルネサンス　歴史と芸術の物語』など近年の研究では、ルネサンスは歴史上十五世紀に巻き起こった一代限りのムーヴメントではなく、古代ローマ時代から間歇的に幾度か起こり、その絶頂期の一つにイタリア・ルネサンスが開花したと理解されている。ルネサンスはイタリア・ルネサンス以前にもすでに起こっており、古くはローマ期のパレオロゴス朝ルネサンスがあり、ルネサンスの流行は、十八世紀まで幾度か生じたとする見方がある。一方ルネサンスは宇宙の無限性を主張し、地動説を擁護したジョルダーノ・ブルーノ（Giordan

Bruno 一五四八〜一六〇〇）が異端として一六〇〇年に火刑に処せられた事件によって終焉したという見方もある。ブルーノはヴェネツィアの商人貴族に招聘されて、ヴェネツィア滞在中に告発され、ローマに移送され、火刑となった。この事件を契機にイタリアにおいて自由な科学研究が困難な状況となり、ルネサンスは終焉を迎えたとされる。(12) ちなみに二〇世紀を代表する劇作家ベルトルト・ブレヒト（Bertolt Brecht 一八〇八〜一九五六）は短編小説「異端者の外套」で、ブルーノのヴェネツィア滞在中のエピソードを描いている。ブレヒトは、仕立て屋の女主人に対するブルーノの細やかな気遣いに、彼の人柄を描きこんだのだ。

　建築芸術においてはルネサンスの始まりを、フィリッポ・ブルネレスキ（一三七七〜一四四六）がフィレンツェでサンタ・マリア・デル・フィオーレ聖堂のドーム着工に着手した一四二〇年頃と見ることもできる。一七世紀のローマでは、ルネサンス最後の万能人と称されるジャン・ロレンツォ・ベルニーニ（一五九八〜一六八〇）がカトリック教会を中心に、建築物の内陣と外観だけでなく、ローマの都市空間全体を芸術空間に作り上げるという壮大なバロック芸術の時代が、ルネサンス時代の後に続いた。こうしたことから、イタリア・ルネサンス期に開花した芸術文化がブルーノ事件を契機として直ちに途絶えたわけではなく、ルネサンス期に続くバロックの時代に受け継がれたと見られる。確かに絵画、彫刻、建築そして都市空間など視覚芸術の分野では、ルネサンスは十五世紀のイタリアで開花したと捉えられる。しかし文芸的・思想的な面から見ると、ルネサンスはすでにそれ以前から始まっており、古代ギリシア・ローマの古典へ返るという文脈のなかでヴェネツィアの仮面カーニヴァルが成立したと考えられる。ヴェネツィアの仮面カーニヴァルとの関連で見ると、十字軍の遠征における派生現象として古代ギリシア・ローマの芸術と思想の再発見に始まり、ルネサンスの終焉とヴェネツィア共和国の崩壊そして仮面カーニヴァルの中断を同じ時間軸上で捉えることもできる。

第4章
祝祭と見世物
――聖餐儀礼・舞踏・仮面行列――

想像というものは我々のよき守り神か、
もしくは我々のデーモンのいずれかだ。

エマニュエル・カント

古代ローマの祭り

ヴェネツィアのカーニヴァルの記録が初めて現れるのは一〇九四年である。フルヴィオ・ロイターによると、「共和国第三二代総督ヴィターレ・ファリエロの年代記に、彼の治世下でこの海上都市の多数の祭りの市で採り入れられたと記録されている」。[1] この頃のヴェネツィアのカーニヴァルはまだ今日知られるような華やかなものではなかった。幾度か中断されたが、十二世紀、十四世紀、十六世紀と絶頂期を迎えた。それぞれの絶頂期にヴェネツィアはヨーロッパの歴史の舞台に登場し、大きな役割を果たしている。

十一世紀末は西ヨーロッパに十字軍結成の気運が高まり、一〇九五年に時のローマ教皇ウルヴァヌスⅡ世によりフランス中南部オーヴェルニュでクレルモン教会会議が開催され、その翌年一〇九六年に第一回十字軍がエルサレムを目指して出発した。続く数世紀間に及ぶイスラム勢力に対抗するキリスト教勢力の戦いというヨーロッパの激動期に、ヴェネツィアのカーニヴァルは最初の絶頂期を経験する。十三世紀にはヴェネツィア海軍を中心とする第四回十字軍の遠征（一二〇二）があり、ヴェネツィアはこの好機を利用して東地中海全域に君臨する海運国となった。十六世紀にヴェネツィア海軍はレパントの海戦（一五七一）でオスマン・トルコに勝利した。ヴェネツィアはフィレンツェと並ぶイタリア・ルネサンスの双璧となって、芸術的・文化的に爛熟した時代を築き、海上都市の景観を背景に華麗な仮面カーニヴァルが展開された。他方国力の面では、レパントの海戦でヴェネツィアは勝利したものの、軍事力はすでに凋落の兆しを見せ始めていた。ファッショナブルなヴェネツィアの仮面カーニヴァルは、一地域的な祭りの範疇《はんちゅう》を超えて、この共和国をめぐる世界の出来事とつながって行く。ヴェネツィアの仮面カーニヴァルが最も華麗に、大規模に行われたのはレパントの海戦後であり、仮面行列が共和国のアイデンティティを強く牽引する役割を担うこととなった。

ヴェネツィアのカーニヴァルは、「海との結婚」といったさまざまな国家の儀式とも関わる共和国の文化政策的な意味を担っていた。こうしたカーニヴァルの役割は、古代ギリシアや古代ローマの祭りが担っていたものと通底している。

役割の交換

サトゥルナリは古代ローマ帝国で成立しカーニヴァルの無礼講や役割交換のルーツとなったと考えられ、その起源は農民の祭りで、畑仕事が終わる十二月十七日に、一緒に祝ったことにある。この祭りでは主人と奴隷の身分の相違は中断され、役割交換が行われた。奴隷は解放され、自由を享受し、彼らの主人と一緒に食事をした。あるいは主人から饗応を受けた。その際贈物の交換が行われ、「彼らは互いに蝋燭と陶製の壺を贈り合った」。[2] 皇帝アウグストスの治世下でこの祭りは、現代私たちがイメージするカーニヴァルのような形となり、一日だけの催しではなく、最初は三日間に渡って行われ、後には七日間に渡って行われた。

これに対してルペルカリは、非常に古いローマの行事で、二月十五日に行われた「野鹿・潔め・豊穣の祭り」で、ルペルクス神 Lupercus に奉げるための祭りだった。ルペルクスは狼に化身した神で、祭りの際には山羊と犬を生贄として供えた。「司祭たちはまだ血のついたナイフで二人の少年の額に触れ、その額をミルクに浸した羊毛で拭った。このような儀礼によって刻印された者たちは、全裸に山羊皮のエプロンを掛け、宮殿の周りを走り回った。そして生贄の山羊皮を引き裂いた皮ひもで、多産となるように願って、出会った女たちを叩いた」[3]とシュークは記している。

ローマ教皇ゲラシウスI世は、結局このカーニヴァルの乱痴気騒ぎを四九二年に禁止し、それをマリア潔《きよ》め祭に置き換えた。サトゥルナリとルペルカリの祭りは地域によっては、デラシーノ祭 Festa dell Asino またはパッツィ祭 Festa dei Pazzi といった呼び名があり、慎みに欠けた、言い換えれば、神聖さと世俗さの入り混じったかたちで行われてきた。この時代キリスト教が最も支配的な宗教となり、新年の祭りや春の祭りなどのキリスト教暦に組み入れられて、カーニヴァルという表現が成立した。先述したように、この表現はおそらくラテン語の「carnem revale」に由来し、「肉と別れる」つまり「肉断ち」を意味している。「Carnevale」または「carnovale」は、そもそも断食期間の前日、灰の水曜日の前日の晩に、肉食を断つための食事として成立したにすぎない。しかしやがて断食期間前のあらゆる祭りがカルネヴァーレと一緒に考えられるようになった。カーニヴァルの始まりはイタリアではまだ一貫した日付に統一はされておらず、幾つかの地方では十二月二六日の聖ステーファノの祝日に、別の地方では一月六日の東方三博士の祝日、マリア潔め祭の一月七日か二月二日に始まる。いずれにせよ、灰の水曜日前の三日間は祭りの絶頂期となる。アムブロシア派教会が強いミラノから生じたカーニヴァルの影響で、カーニヴァルは四日間延長され、それが今日大カーニヴァル（Carnevalore）となっているものである。

十一世紀と十二世紀には教皇が個人的にカーニヴァルに参加した。「ローマ近郊の教会から仮装行列が出発し、行列はバジリカでラテラノ宮の聖ジョヴァンニと出会った。引率者は教会堂の番人たちで、彼らはストールで飾り立て、頭に花冠を乗せ、頭部から二本の山羊の角が突き出ていた。すべての聖堂区が集結したとき、教皇と枢機卿たちが登場し、一緒にラテン語とギリシア語の混じった、編曲された頌歌を歌った。その歌が祝祭開始の合図と見做された」(4)。

この記録に見られるように、カーニヴァルではどのような無礼講でも許されているように思われた。サトゥルナリで見られるように、古代の春の儀礼は人が一緒に過ごすことに意義があった。しかし収穫が豊かになるにつれて、この農耕型の共同体意識に根ざした協調性が次第に失われていった。

見世物としての聖餐儀礼

象徴としてのパンと動物

十二世紀初頭ヴェネツィア共和国では、二つの儀礼が始められた。カーニヴァルの木曜日Giovedi Grassoに、総督と外国の大使や従者が見ている前で、十二頭の豚と一頭の牛を屠殺するための選定が屠殺人によって行われた。これは動物に仮託した一つの擬似的な処刑で、居並ぶ総督と高官たちは、血が飛び散った檻のなかで、動物に対して擬似死刑の判決を下した。動物に対する死刑執行は即座に実行され、突然叩きのめされることになった牛や豚たちの騒々しい鳴き声が、周囲に鳴り響いた。頭を切り落とされ、鉤に吊るされた動物の肉は、後に貴族たちに分配され、最後に貧しい者たちや囚人たちに分け与えられた(5)。

四〇〇年間続けられたこの儀礼は、ヴェネツィアのカーニヴァルの祭典のなかの頂点であった。一一六二年に始まるこの儀礼は、当時の総督ヴィターレ・ミキエルⅡ世によって始められた。この儀礼はそれ以降毎年行なわれ、ヴェネツィア市民に十二頭の豚と一頭の牛と三〇〇個のパンが分け与えられた。この施しはウルリヒの海戦（一一六二）でバイエルンに勝利したことによる。アクヴゥレイアの総大司教と十二人の司教区参事そして彼らに付き従う大勢の従者たちを捕らえ、牢獄に入れた。ローマ教皇は直ちに、総大司教らの死刑を止めるように伝えた。死刑取り止めに対する賠償として、ウルリヒ条約で毎年一頭の牛、十二頭の豚、三〇〇個のパンを購うことが定められた。牛は総大司教、豚は十二人の参事、パンは彼らの従者たちの代償を意味し、捕虜となった人々を象徴的に表していた。

見世物としての儀礼

もう一つの儀礼は、新しい総督が就任した際の戴冠式や、外国高官や王侯貴族が来訪した際に行われた儀礼で、十六世紀頃まで続けられた。十一月二六日から「灰の水曜日」の前の最後の日曜日までの期間、三頭から百頭の動物を野外に放し、人や犬が追い立てて、動物たちを煽り立てた。さらに動物たちを興奮させるために、角に花火玉を括りつけて火を点け、爆発させた。このスペクタクルの場は、楕円形に仕切られ、その周囲に観客席を設け、入場料を取った。

この儀礼を、文豪J・W・フォン・ゲーテの父ヨーハン・カスパール・ゲーテ（Johann

Caspar Goethe）は一七四〇年にイタリア旅行をしたとき目撃し、次のように描写している。「トランペットが鳴り響き、太鼓が打ち鳴らされると、綱に繋がれた一頭の牛が登場した。角に括りつけられた花火玉に火が点けられ、爆発すると、牛は興奮して大騒ぎとなった」[6]。

J・C・ゲーテのこの描写から、この儀礼の一端がうかがえる。こうした儀礼は古代エジプトのオシリスの祭りに見られ、犠牲は神に奉げるものであったが、ヴェネツィアで行われたのは擬似死刑であった。この儀礼には、ディオニューソスの祭りのもつ豊穣感謝の意味は薄れ、スペクタクル的な戦勝記念行事となっている。

ウルリヒの海戦の勝利を象徴する儀礼は、これに止まらず、舞台装置まで設置して、海戦現場を再現した。十二世紀には毎年「ピオヴェーゴの広間」を模写した木製の小さな要塞の模型を建てた。というのもそのなかで陣地を固め、自衛してウルリヒに勝利したからだ。それゆえカーニヴァルの木曜日は、ヴェネツィアのカーニヴァルのなかで最も重要な日とされ、ヴェネツィア市民全体が罪のない動物の擬似死刑を見物して、一一六二年のウルリヒに対する勝利を毎年繰り返し祝った。その勝利の伝説には神話と歴史と宗教が入り混っているという[7]。この儀礼は政府によって廃止される一五二〇年頃まで続けられた。政府はカーニヴァルの儀礼に対して品位と荘厳さが必要と判断したのだ。

スペクタクル的な見世物と饗応で民衆の気持ちを掴むことは、古代ローマが得意とした「パンとサーカス」といった政治手法である。パンは食糧を象徴し、サーカスは娯楽を象徴している。その両者を提供することで民衆の不満や欲望をコントロールしてきたのが古代ローマだった。ナイフや火の輪、綱渡り、大砲やピストルなどサーカスを特徴づける小道具のほとんどすべてが、現代に至るまで受け継がれてきた。「戦闘や軍事的戦略から直接派生する道具立てで構成されていることはもちろん偶然ではない。円形競技場の（circenses）のモデルは、こうして暴力を馴染化する文化装置としてさまざまに展開しながら日常の社会空間に散布されていった」と、トリュフォノスは『エーコとサッカー』のなかで記している。(8)

ヴェネツィアのカーニヴァルのこれらのイヴェントは、形式的には聖餐儀礼に似ているが、内容的にはディオニユーソスの聖餐儀礼とは大きく異なっている。ヴェネツィアで行われたこの儀礼には、ディオニユーソスの祭りにある豊穣感謝や豊穣祈願といった神や自然に対する畏怖とか祈りは欠けており、戦争勝利を記念し祝うことにある。ヴェネツィアのカーニヴァルはすでに伝統の収穫感謝の祭りを逸脱して、娯楽の提供と共同体の連帯感の確認行為を内容とする劇場的都市型カーニヴァルへ移行したたことを示している。

アクロバット的な見世物

トルコ人の飛行

共和国政府の大胆な改革にもかかわらず、カーニヴァルの木曜日のいくつかの見世物は、十八世紀に共和国が崩壊し、カーニヴァルが禁止されるまで続けられた。なかでも「トルコ人の飛行」と「ヘラクレスの力」は、ヴェネツィアのカーニヴァル独自のイヴェントで、イスラム世界の文化的影響を示している。

「トルコ人の飛行」はヴェネツィアのカーニヴァルが最初の絶頂期を経験した十二世

トルコ人の飛行（模写）

紀にはすでに登場している。「トルコ人の飛行」は、今日ではむしろ「コロンビーナの飛行」とか「天使の飛行」と呼ばれ、トルコに起源をもつアクロバット的な見世物であった。「トルコ人の飛行」は「カーニヴァルの木曜日」のメイン・イヴェントとして定着した。

一六八〇年に書かれた年代記につぎのように書かれている。「飛行中アクロバット芸人は、総督の衣装や見物する人々の間に詩篇をばら撒き、下に降りてくると総督に花束を献呈した。それから踊りながら綱梯子に掴って上へと昇って行き、再び飛ぶように下降して、海に飛び込んだのである」。(9)

この見せ物は総督と来賓の列席する前で披露された。サン・マルコ海岸とサン・マルコ広場一帯を使い、海上から小広場ピアツェッタに張られた二本のロープの上を鐘楼の小部屋まで昇って行き、次にそこから綱梯子に掴って、空中を飛ぶように下へ滑り降りて来る。このパフォーマンスを、盛装して居並ぶ総督や、共和国の高官たち、外国の大使や高官、王侯貴族たちが見物した。

ヘラクレスの力

十六世紀に登場した「ヘラクレスの力」もウルリヒの会戦の際、人間ピラミッドの壁を作って勝利したという伝説に由来する。これを実行したのはメディコーリ地区のサン・ニコロの住民とアルセナール地区のカステラーニの住民であったため、カーニヴァルにおいても両者の競技として再現された。サン・マルコ広場に居並ぶ総督とその賓客たちの前で、ニコラッティは「緑の帽子と赤い靴下」、カステラーニは「赤い帽子と緑の靴下」をつけて、二つのグループに分かれて力技を競い合った。[10]

ヘラクレスの力（模写）

次に両グループは樽の上に渡

した板の上で、また水上では二艘のゴンドラに渡した板の上で人間ピラミッドを作った。まず基台となる円陣を組み、その肩に順次人が乗り、人々は上に行くに従って小さな円陣を形成した。ピラミッドの頂上には小さな若者が乗った。彼は「小さな兜」と親しみを込めて呼ばれた。人間ピラミッドの形態は、二つのグループに対する観客の要求によって、毎年ヴァリエーションを変えて作られた。年代記作家はその形態を「栄光に満ちたヴェネツィア」「戦うライオンたち」「孤独な乙女たち」といった音楽的で詩的な命名を与えた。[11]「その年の冬の寒さは厳しく、凍ったラグーナの海上でニコラッティはアクロバットを披露した。しかし人間ピラミッドはしばしば禁止された」と一七八八年の年代記に記されている。[12] 秩序を維持する当局は、この競技が殴り合いや騒乱、暴動の引き金になることを恐れたのだ。

ムーア人の舞踏

「カーニヴァルの木曜日」のもう一つのアトラクションは十六世紀に始まった「書割り舞台 macchina」と「ムーア人の舞踏」である。総督宮殿前のサン・マルコ小広場の真中に、向かい合って舞台セットが組まれ、この二つの舞台でムーア風のリズミカルな群舞が披露された。この舞踏はスペインに起源を持ち、ムーア人とキリスト教徒の戦いを再現している。

しかしこの舞踏の上演においてもヴェネツィアでは、様式化された戦いの場面が舞踏の形で振り付けされ、ニコラッティとカステラーニの両グループがこのパートを担当した。このアトラクションは最後に花火を打ち上げて終わった。

一五二四年頃から白昼に花火が点火され、夜になると大きな仕掛け花火が打ち上げられるようになった。しかし仕掛け花火による不幸な事故が起こることもあった。一五二六年にはロケット花火が早まって発火し、大勢のけが人が出て、血の海となるという大惨事となった。そのためそれ以降長年の間、花火の打ち上げは禁止された。

ヴェネツィアのカーニヴァルはスペクタクル的な見世物を中心に成立した。ここで取り上げたさまざまな見世物には、ディオニューソスの祭りとの関連よりも、むしろローマ的なスペクタクルとの関連が見られる。「カーニヴァルの木曜日」のこうした慣習には、一般に象徴的な意味づけがなされている。砲火をイメージさせる花火は戦争の象徴とされ、ムーア人の舞踏はアクヴィレイアのウルリヒの戦いを象徴しているとされる。また人間ピラミッドはヴェネツィアが敵に打ち勝った幸運としたたかさを象徴的に思い起こさせる。さらに牛と豚の擬似処刑は正義の再現と見なされ、総督に花束が捧げられる「トルコ人の飛行」は別名「天使の飛行」と呼ばれることから、明らかに和解と平和を取り戻したことの象徴と見做されている。(13)

ヴェネツィアのカーニヴァルが独自な展開を成しえた十二世紀から十五世紀は十字軍遠征をめぐる戦争の時代であり、ヴェネツィアは海軍力の強さを示す時期であった。十六世紀に共和国政府が動物の擬似処刑を廃止した理由は、ヴェネツィアの軍事的強さではなく、文化的、経済的な爛熟を示す必要があったからだ。というのも十六世紀にヴェネツィアはレパントの海戦で漸く勝利したものの、この海戦の痛手ですでにその国力はかなり衰え、強さよりむしろ豊かさを示すことで、共和国の東方交易への影響を維持しようとしたのである。そのためには前近代的な血生臭い儀礼から脱却して、国家の品格を示す必要があった。仮面行列はまさに文化的な豊かさを示すだけでなく、ヴェネツィア人のアイデンティティの象徴となった。

一一六二年のウルリヒの海戦での勝利という出来事は、「後に、ヴェネツィア独自のカーニヴァルにとって、伝統的な基準点となった」。[14] これ以降ヴェネツィアのカーニヴァルは前近代国家型の政治的な主題に沿う祭りとなった。ここにはヴェネツィア共和国への求心力を望む為政者側の思いが託されているように見える。ヴェネツィアのカーニヴァルには、起源とされる古代ギリシア・ローマの祭りの豊穣感謝という要素は失われている。

十二世紀から十六世紀までのヴェネツィアのカーニヴァルの成立と展開において繰り返し登場するのはウルリヒの海戦にちなんだセレモニーでありアトラクションである。「ヘラクレスの力」や「動物の擬似処刑」というイヴェントには海運国ヴェネツィアの強さを示したいという強い意志が感じられる。ヴェネツィアのカーニヴァル的要素が、バイエルンに対する勝利に由来する見世物であるのは、スイスや南西ドイツの謝肉祭ファスナハトやファッシングと異なる特徴である。ファスナハトが伝統の収穫感謝の行事を伝え続けているのとは対照的に、ヴェネツィアのカーニヴァルは、戦争勝利記念の祭典がカーニヴァルのなかでも最も大きなイヴェントとなり、市民全体でそれをカーニヴァルの最後に祝ったのだ。ヴェネツィアにおいてカーニヴァルは、農村型の農耕儀礼ではなく、近代的な都市型カーニヴァルを形成していったことを示している。ヴェネツィアの生活基盤は、その出発点が農村型自給自足ではなく、中継交易という貨幣・為替経済を基盤とした商業都市として展開したことによる。ヴェネツィアの仮面カーニヴァルは、この都市国家型カーニヴァルの形成という文脈のなかで展開した。これらのスペクタクルのなかで、ヴェネツィアのカーニヴァルがナポレオンによって中断されるまで続けられたアトラクションは、「トルコ人の飛行」と「ムーア人の舞踏」で、このアトラクションは、東地中海交易で活躍し、オリエントとの交流が盛んだったヴェネツィアのカーニヴァルにおける独自性を表している。

第5章
ヴェネツィアの仮面カーニヴァル
——物語空間の演出と仮面の役割——

この世界はすべて、一つの舞台だ、
男や女たちはみな、役者にすぎない。
現われては、消えて行く。
誰もが持ち時間のなかで、いくつもの役回りを演じて行く。

ウイリアム・シェイクスピア

アドリア海の女王と称されたヴェネツィア共和国が東方交易で繁栄を極めた時代、ヴェネツィアのカーニヴァルは華麗な衣装と仮面で、世界に知られていた。その起源は古代ギリシアのディオニューソスの祭りを受け継ぐ古代ローマのバッコスの祭りにあるといわれるが、確かなことはわかっていない。ヴェネツィアのカーニヴァルはすでに中世の時代から、ファッショナブルな仮面行列でヨーロッパ中の人々を魅了した。記録によると「十二世紀にはすでに、男たちは動物の毛皮を被って変装し、髪に小枝を挿して、弦楽器を弾きながら町を行進した。女たちはその後を歌いながら練り歩いた」(1)。

文化的爛熟を経験したイタリア・ルネサンス期にはすでに、ヴェネツィアの国力は衰退の兆しを見せはじめていた。共和国では仮面カーニヴァルだけではなく、実にさまざまな祝祭、国家典礼、行事などが開催され、爛熟期になると固有の仮面文化が展開した。制限されてはいたものの、ヴェネツィアでは一年のうち半年は仮面を着用することができ、仮面は日常のもう一つの顔として社会に認知されて行く。同時代の画家ピエトロ・ロンギ（Pietro Longhi 一七〇一〜一七八五）は、仮面が日常生活の場に浸透して行く光景を、「香水売り」（一七五六）や「犀」（一七五一）、「リドット」（一七五七〜六〇頃）などの油彩画に記録している。

他のヨーロッパ地域とは異なるヴェネツィアの状況を見ると、共和国と教会は仮面に対していかにも寛容な姿勢を示しているように思われる。しかしレアートやヴァイヒマンらの研究によれば、十八世紀には仮面を一年中つけることができた、といってよいほど拡大していたが、(2)ヴェネツィアにおいて仮面の着用は禁止と例外の繰り返しであった。「衣服に関する禁制や制度が、社会的秩序やシステムを可視化するとすれば、それをあえて犯す者がいても不思議ではない。ハーメルンの笛吹き男や道化や旅芸人たちが、異形の衣服を好んで着たのは、秩序の外側に生きていることを自ら表明するためではなかったか」(3)と柏木博は指摘している。

道化の代名詞のようになっているまだら模様の衣装は、現代でも道化ピエロの服装として知られている。そして囚人やユダヤ人や娼婦といった人々の特定化に使われた縞模様は、フランスのファッション・デザイナーのソニア・リキエルやアニエス・ベーがブランド・デザインとして定着させ、現代ではシンプルで洗練されたファッションとして広く好まれている。このようにファッションは、社会の秩序やシステムの変化で受け止め方が変わって行く。差別化もしくは差異化という視点で見れば、仮面は社会の枠組みから最も外れたところに位置することは、昔も今も変わらない。古代ギリシア悲劇『バッコスの信女』にすでに描かれたように、仮装は社会的秩序を離脱する行為にほかならない。

仮面の着用は最も規制されたファッションで、ヴェネツィアにおいてもカーニヴァルの期間以外は規制された。一方仮面に対する市民の要望は強く、やがては一年中仮面をつけて暮らしているといっても過言ではないほど、仮面はヴェネツィア社会に居場所を得ていた。政府はカーニヴァル期間以外の仮面着用禁止の発令を出すが、市民の変身願望の強さに押されるかたちで例外が設けられる。仮面に対する禁止と例外という基準の二重性は、ヴェネツィア社会の仮面の存在理由を反映しているように思う。

ヴェネツィアのカーニヴァルは華やかな仮面の祝祭というイメージが強く、現代のコスプレ文化 cosplay の魁のようにも捉えられる。たしかにヴェネツィアのカーニヴァルはファッショナブルな仮面と仮装と切り離せないし、共和国時代のヴェネツィアには、ヨーロッパのファッション・リーダー的な存在となった女性たちがいた。十七世紀ヨーロッパ貴族や資産家の子息たちの間には、イタリアの芸術文化を学ぶといった観光ブームが起ったとき、ヴェネツィアは最も魅力的な目的地の一つだった。この都に人々がこぞって訪れたのには、アドリア海に浮かぶ都の幻想的な光景とともに、華麗な仮面と仮装のカーニヴァルやさまざまなアトラクション、人形劇や即興仮面喜劇などが、海上都市の醸し出す水上舞台のような雰囲気のなかで演じられていたからだ。その華やかなイメージに彩られた歴史を紐解いて行くと、ファッショナブルな仮面カーニヴァルというイメージに留まらない、海に浮く都の光と陰が見えてくる。

建物が支え合って立ち並ぶ狭い水路。

大運河

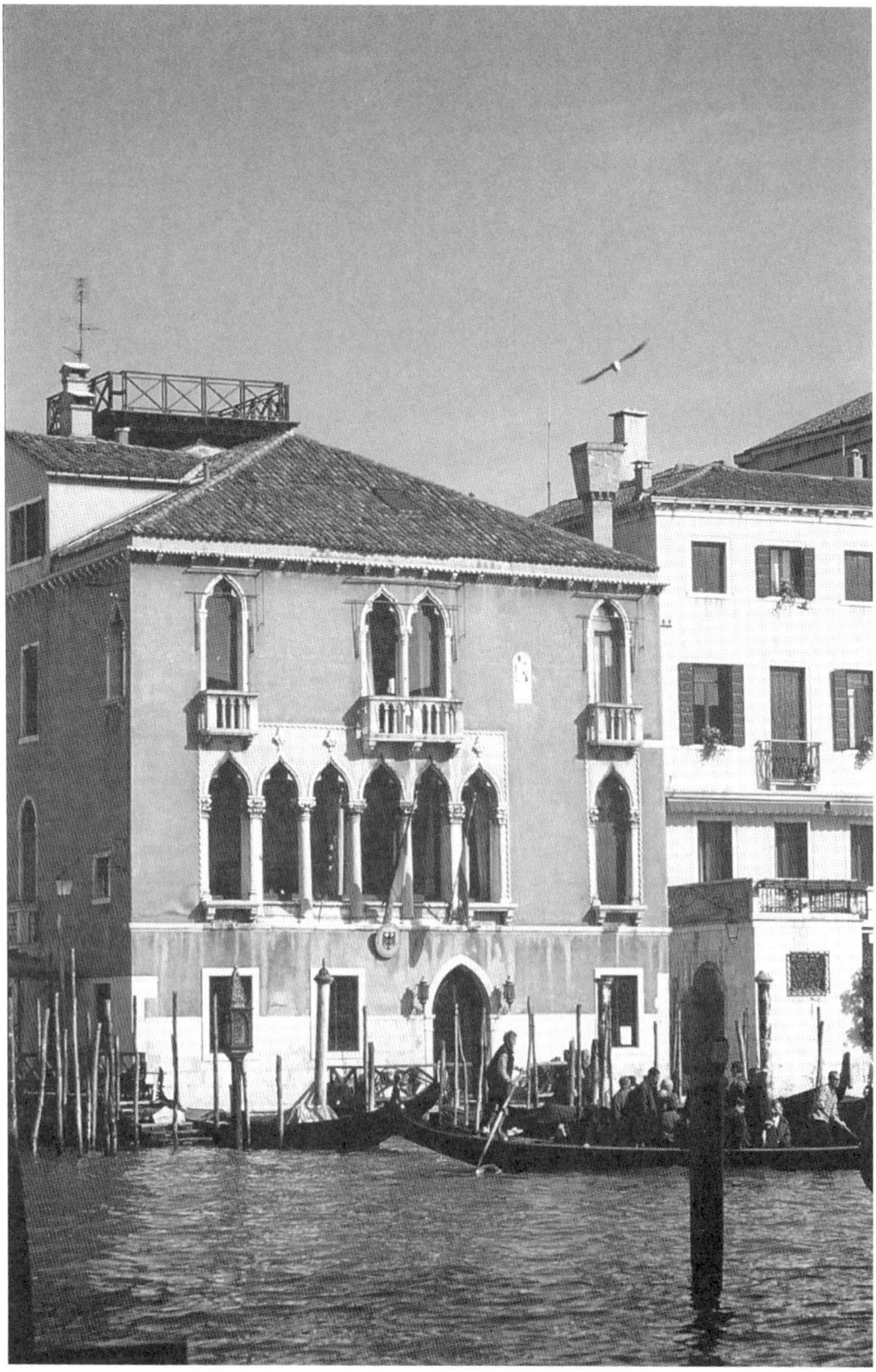

旧ドイツ人商館

カテリーナ運河

物語空間の演出

仮構と現実

ヴェネツィアは六世紀頃度重なる諸民族の侵入から、ヴェネト地方の人々がアドリア海のラグーナ（潟）の小島に逃げてきたのが始まりとされる。彼らは半島から離れたリオアルト（現在のリアルト橋）付近に居住地建設を始めた。二〇センチ角か丸の、長さ二メートルから五メートルほどの硬い材質の木材で杭を作り、ブレンタ川などの河川が運び込んでできた砂州に多量に打ち込む。杭を打ち込んだ後、海水に強いとされるイストリア半島産の石材を幾層にも積み重ね、石材と石材の間はセメントで固めた。この土台フォンダメンタの上に、建物と建物が互いに支えあうような形にびっしり並べて建てた。ヴェネツィア人は、この都市が海に沈まないように、打ち込んだ杭を絶えず修復しなければならない。一千年に及ぶヴェネツィア共和国の歴史は、この修復によって存続してきた。ゴンドラやボートで運河や海岸を廻ると、町並みが水のなかから建ち上がっているように、言い換えれば町並みが水に沈んでいるように見える。岸辺や海岸から何本もの杭が突き出て、あたかも水上舞台のような劇場型都市の形状を出現している。このような仮構と現実の混じり合って構成される都市構造の上に成り立つヴェネツィアは、生きながら朽ち果てるこの都市の基盤の上で、有限の時間と空間を刻み続けている。

イタリア・ルネサンスの時代、フィレンツェではミケランジェロやラファエロが都市を芸術空間に演出し、ローマではベルニーニがローマの都市空間全体を芸術的な空間に大改造した。(4) ブルクハルトはイタリア・ルネサンス期に興隆したカーニヴァルの流行現象について、芸術的建築都市空間における社交のかたちと捉えている。(5) なかでもアドリア海のラグーナに建設され、海上に浮かぶ稀有な都市ヴェネツィアは、サン・マルコ広場や海岸、大運河カナール・グランデが舞台となり、華麗な仮面行列と結びついて物語空間を演出した。

この都市の空間は計算された、劇場設計のような構成で配置されている。随所に舞台装置が組み込まれたような巧みな仕掛けをほどこし、何よりも旅人に驚きを与える。その仕掛けは一枚看板ではない。空間演出の視点で見れば、想定を裏切る空間構成の意外性がこの都市の印象にさらなる驚きを準備している。しかも反復による視覚の慣れを拒絶する構成が、この都市の魅力をよりいっそう引き出している。J・W・フォン・ゲーテが指摘するように、この都市特有の演劇的な感性の在りかは、海に浮く都にある。地形的環境が呼び覚ます演劇的感性は、この都市を祝祭、典礼そして仮面カーニヴァルなどを演劇性を帯びた物語へと変容させた。

予期せぬ邂逅

広場はもとより社会的な交流の場だが、サン・マルコ広場は日常の生活感を一切遮断した厳粛な空間として形成され、ヴェネツィアの政治・経済・文化を支えるさまざまな国家行事や祝祭の舞台となってきた。サン・マルコ広場は、小広場（ピアツェッタ）と大広場（ピアッツァ）とで構成され、しかもこの二つの広場はL字型に組み合わされている。小広場と大広場から成るL字形の組み合わせは、海からこの都市に近づく人に、意外な印象と新鮮な驚きを与えるのだ。船でサン・マルコ海岸に近づくと、迎え入れてくれる小広場の意外な狭さに、期待を裏切られたような、ある種の失望感に近しい印象を抱く。しかし鐘楼の金獅子に導かれて小広場を進んで行くと、L字型に折れる辺りで突然大広場が現れ、初見で覚えた失望感を新鮮な驚きに変えてしまう。

サン・マルコ海岸に面した大小二つの広場の立体遠近法による劇的な構成は、十五世紀イタリア・ルネサンス期の都市改造で実現された。小広場奥の正面に、鐘をつくムーア人の像

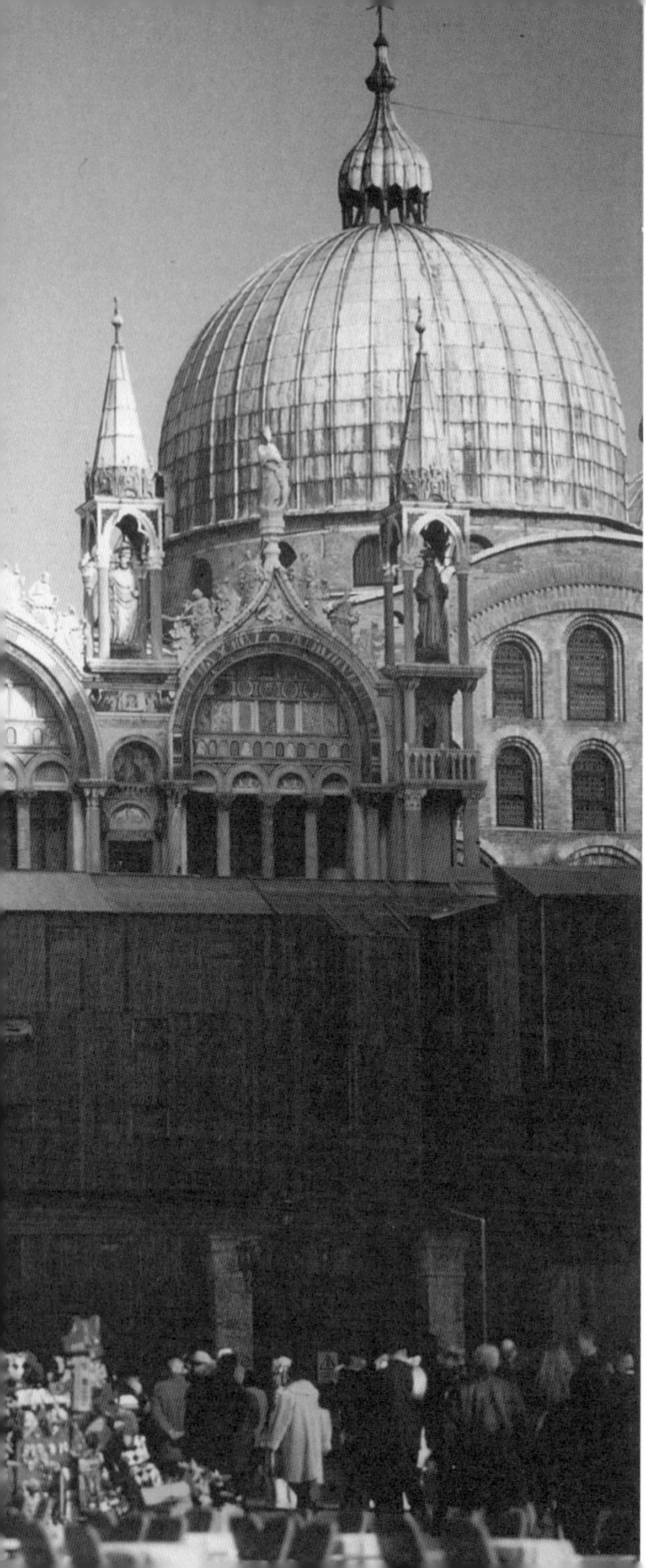

サン・マルコ大聖
堂とピアツェッタ

が掲げられた鐘楼が建てられ、広場の奥へと視線を誘う。この時計塔は共和国時代のカーニヴァルのイヴェントで、「トルコ人の飛行」別名「天使の飛行」と呼ばれる壮観なアクロバット的な見世物の舞台となった。鐘楼が真正面から見据えるサン・マルコ広場は、海から眺めたとき、あたかもプロセニアム（額縁舞台）を見ているような、ルネサンス期の遠近法の絵画技法が生かされている。陣内秀信は『イタリア海洋都市の精神』のなかで、サン・マルコ広場の遠近法の効果について、次のように述べている。「遠近法は演劇と結びついて発達したが、そもそも祝祭的な雰囲気に包まれた水都の中心サン・マルコ広場自体がもともと、ベッリーニの絵をはじめ多くの人々の手で描かれ続けたように、宗教行事、祭り、スペクタクルがしばしば催される演劇的空間なのであった」(6)。

「トルコ人の飛行」といったサーカス的なスペクタクルは、この透視図的な広場を舞台に大掛かりな演出を行い、観客を沸かせた。やはりカーニヴァルに際して、伝統の演目となった「ムーア人の舞踏」は、この広場に二つの舞台を向かい合わせに設置し、向かい合う舞台が競い合う演出で、観客の競争心を煽った。

J・W・フォン・ゲーテはヴェネツィア滞在中に、豪奢な金塗りの舟ブチントーロに乗った総督が広場に降り立ち、トルコに対する往年の戦勝記念ミサのために、トルコ国旗が風にはためく聖ジュスティナ教会の扉に向かう光景を目の当たりに見ている。この光景についてゲーテは、「図案も色彩もとても見事な、古い綴れ織りのタペストリーを見るような気持ちになった」と紀行記に記している。(7)

海に浮く都ヴェネツィアの空間構成は二つの対照的な配置で、旅人を新鮮な驚きで楽しませる。陸路を取って列車で到着したヴェネツィア・サンタ・ルーチア駅の小さな佇まいとは対照的に、海から眺めるサン・マルコ広場の透視絵のような構成の華麗さ。舞台装置のようなこの広場の光景に、海から近づく人は一瞬お伽話の世界に迷い込んだような錯覚に陥る。そしてサン・マルコ広場の狭い小広場ピアツェッタを歩いた後に隠された、「ヨーロッパの最も美しいサロン」といわれた大広場ピアッツァとの予期せぬ邂逅《かいこう》。この計算されつくした驚きを準備する、古代ギリシア風のドーリア式列柱が立ち並ぶ回廊で囲まれた劇的な空間のなかで、最も華やかに繰り広げられたのが仮面行列であった。

物語を紡ぐ空間

海上の都市空間において、ヴェネツィア人は非日常を日常とするような時間と空間のなかで生きてきた。「海との結婚」の儀式は一つの物語空間に共和国建設の発端を求めたことを示している。ギリシア神話や「ニーベルンクの歌」そして「アーサー王物語」のように、ほとんどの民族や社会の帰属する心情の在りかは、神話や伝承や説話などに遡及《さっきゅう》することができる。「海との結婚」の儀式は、こうした心情が生まれる現場に立ち会っているようでとても興味深い。ヴェネツィア共和国はアドリア海との結婚式といったヴァーチャルな発想を、現実のアドリア海を相手に行い、この物語を紡いでいくことを宣言しているからだ。十字軍遠征の際に見せたヴェネツィア商人の実利的で功利的な経営手法に照らしてみると、「海との結婚」の儀式はとてもお伽話めいている。共和国存立のレゾン・デートゥル（存在理由）を、ヴァーチャルと現実を綯《な》い混ぜた物語空間の演出で行うことに、ヴェネツィア人のもう一つの性格が表れているのかもしれない。塩野七生は、「国づくりとはその国の民族の性格の反映である」と指摘している。(8)

「海との結婚」は十二世紀に公式にヴェネツィアの祝祭に制定された。それ以降共和国の有り様を宣言する儀式として毎年復活祭の時期に合わせて行われてきた。儀式の日は、総督ピエトロ・オルセオロⅡ世（Pietro Orseolo　九九一～一〇〇九）がレパントの海戦に出陣して行った日であると同時にキリスト昇天祭の日に定められた。「毎年その日には、元首は、緋色と金で飾られた儀式用の御用船ブチントーロに政府の高官たちを従えて乗り込む。この儀式用のガレー船は、櫂まで金色に塗られた豪華船で、多くの船やゴンドラを従えて、ヴェネツィアの外港のあるリドへ向かう。ここの教会で大主教のあげるミサに列席した後、元首は再びブチントーロに乗り込む。海上に出た御用船の上から、元首は多くの人が見まもるなかで、海に向かって言う。『海よ…』と」[9]と塩野七生は描写している。

「海との結婚」の原型とおぼしき祝祭は、古代ギリシアで行われていたアンステーリアの祭りだが、第二章で扱ってあるので、それを参考としていただきたい。

「海との結婚」は、アンステーリア祭のディオニューソスと大司祭夫人の結婚儀礼を、対照的な形で踏襲しているように思う。というのもアンステーリアの式典が秘儀として当事者だけで執り行われたのに比べて、「海との結婚」は市民の見ている前で、総督が海に金の指輪を投じて結婚を宣言する。両者とも呪術的な性格は見られるが、公開性をもたせたところに、ヴェネツィア社会のシステムが可視化されている。マックス・ヴェーバー（Max Weber 一八六四～一九二〇）は、呪術的な方法で同盟を結ぶことについて、「兄弟関係を結ぶ行為」と位置づけている。ヴェーバーによれば、共同体的（ゲマインシャフト）な社会は、貨幣を媒介とした商品交換によって成立している。[10] 総督が海に投じる金の指輪は婚姻の証しであり、まさに貨幣を象徴しているが、ヴェネツィアを代表する総督がアドリア海を舞台に示す行為は、結婚といった人と人の間に結ばれる「身分契約」である。彼は兄弟契約＝仲間（ゲノッセ）と呼ばれる関係によって、この海上都市での運命共同体であるヴェネツィア共和国の有り様を市民に対して宣言している。ヴァーチャルな物語によって成立つ儀礼を真剣に宣言することに、海に浮く都で生きるヴェネツィア人の性格が現れているのかもしれない。J・W・フォン・ゲーテは比類ない感性の鋭さでヴェネツィア人を観察し、「ヴェネツィアが他のどの都とも異なった比類ない都であるように、ヴェネツィア人は新しい種類の人間にならざるを得なかった」と記している（『イタリア紀行』、一七八六年九月二八日）。[11]
「海との結婚」の祝祭が、レパントの海戦（一五七一）に関連付けられていることは、共和国に突きつけられた現実を物語っており、レパントの海戦を記念した仮面行列に関連している。レパントの海戦でヴェネツィアはオスマン艦隊に勝利したものの、損傷も大きく、この会戦を契機に衰退へと向かっていく。それゆえ「海との結婚」の儀礼は、公のかたちで共同体の心情の在りかを確認する行為だった。「海との結婚」を、現実的に成就された事実であることを可能にしているのは、海に浮かぶ都の劇場型都市空間にほかならない。ヴェネツィア人は、お伽話めいたこのドラマを、アドリア海を舞台に演じているのではなく、成就すべき行為として行っているのかもしれない。
演じているのではなく、なりきるといった行動に関連して、C・G・ユングはカメルーンのシャーマンがライオンの仮面をつけて踊っている事例をあげて、次のように述べている。「彼はライオンのふりをしているのではなくて、自分はライオンそのものであると確信している。コンゴの鳥とその仮面のように、彼は動物とその心理的同一性を分かち合っている。

こうした同一性は神話とか象徴性のなかに存在しているものである。合理的な近代人は、自分自身をそのような心理的結合から切り離そうとした。しかしながらそれは無意識のなかに存在しているのである」[12]。

ユングが説明しているように、神話や寓話が共同体の精神の象徴化につながるとすれば、ヴェネツィア共和国は「海との結婚」でアドリア海との心理的結合性を表すことによって、共和国に対するアイデンティティを可視化し、市民の感性に直接的に訴えかけたのだ。こうした国家の有り様に対して塩野七生は次のように述べている。「ヴェネツィアは共和国である。民衆の支持が絶対に欠かせない。そして民衆は、目先の必要性がない限り、感性に訴えかけられなければ、動かないものだ」[13]。

ヴェネツィアの祭りには二つのかたちがあって、一方はサン・マルコ広場の宗教行列のように一つの撹乱も許さない厳粛な国家の式典であり、他方「海との結婚」や仮面カーニヴァルや仮面行列などヴァーチャルを綯《ない》交ぜにした祝祭である。厳粛な式典も華やかな仮面行列も、アドリア海に流れ込む大運河やサン・マルコ広場と海岸を舞台に繰り広げられる。こうした祝祭や式典では市民は観客となり、同時に演じ手となった。「海との結婚」で経験するような寓意的な非日常の空間と時間を生きた。ヴェネツィア特有の仮面カーニヴァルは、こうした非日常の空間と時間を可視化する海に浮く都が可能にしている。

ヴェネツィアの仮面とカーニヴァル

仮面行列

ヴェネツィアの仮面行列は、ルネサンス期には世界で最も華やかなカーニヴァルの行列となった。ヴェネツィアの仮面行列のルーツとされる古代ギリシアのディオニューソスの仮面行列は、ディオニューソスの聖所に向かって行列が進み、ディオニューソス神に捧げられた。一方ヴェネツィアではサン・マルコ広場に居並ぶ総督と来賓や貴賓たちの前で、豪華な仮面行列が繰り広げられた。十六世紀、十七世紀に列強国の大公や公爵を歓迎する式典に添えて行われた仮面行列は、とりわけ眩《まばゆ》いばかりの煌《きら》びやかさだった。

クリスティアン・ショルツの『仮面の祝祭　ヴェネツィアのカーニヴァル』にこう記されている。「一五七一年十月七日のレパントの海戦勝利を祝って、退役軍人たちの二十組が仮面行列を組織してパレードをした。おそらく彼らは祝祭の仕掛け人集団コンパーニャ・デッラ・カルツァに所属していた。一五七二年のカーニヴァルの最後の日曜日には三四〇人の人々から成る仮面行列に加えて、豪華な衣装を着た裕福な市民や商人たち四八組の仮面行列が町中を厳かに練り歩いた。忘れてならないのは〈諺の行列〉で、商人たちが着ている衣装には諺が書かれていたのだ。行列は町全域にわたるほど長く続き、女子修道院にまで達するほどだった」。(14)

レパントの海戦は実際には、勝利したヴェネツィアに大きな痛手を負わせ、キプロス奪回は失敗に終わり、ヴェネツィアを衰退へと向かわせる要因となった。レパントの開戦直後に開催された仮面行列は、市中全域に連なるほど大規模に組織され、豪華絢爛の極みを尽くしていた。ヴェネツィアの人々は、レパントの海戦の損傷を払拭するかのような意気込みで豪華に装い、町を練り歩いた。共和国の威信をかけた豪華絢爛な仮面行列は、内政的に見れば、ヴェネツィア人が「兄弟関係を結んだ」共同体に対して思い描くアイデンティティの姿と重なって行く。後に華やかに繰り広げられた仮面カーニヴァルの舞台となった大運河は、最初はウルリヒの模擬海戦、後にはレパントの模擬海戦の舞台となった。ヴェネツィアの仮面カーニヴァルは、共和国の兄弟盟約的なアイデンティティを象徴するアイコンとなっていった。

レパントの海戦記念の仮面行列を組織した退役軍人が若い商人貴族のグループであるコンパーニャ・デッラ・カルツァに所属していたことは、この仮面行列を一つの国家行事に匹敵するような祝祭へ方向付けることとなった。コンパーニャ・デッラ・カルツァはその後も仮面行列の仕掛けグループとして多彩な仮面行列を組織した。共和国の衰亡化とは対照的に、ますます仮面行列は華やかになっていった。一六七九年のマントヴァ公歓迎のために行われた仮面行列に、十六世紀、十七世紀のヴェネツィアの仮面行列の豪華さが反映されている。「参加した若い貴族たちは煌びやかな衣装を着飾り、数人の騎士たちは、金や銀や真珠を散りばめた黒い地図を描いた模様の衣装を着て、白と黄色の羽飾りのついたバレット帽を被ってアフリカ人に変装した。他の騎士たちは、青と赤の地図の模様のケープをかけ、上半身は毛皮とレースと刺繍で着飾り、白と青の羽飾りを頭部につけて、インド人に変装した。また他の騎士たちは、黒てんの裏地をつけた金襴緞子のジャケットを着て、トルコ人に変装した。最後に登場したのは、野生の熊たちを連れ、白い金襴緞子のシャツを着たタタール人に変装した人々だった。模擬的な馬上槍試合が演じられ、最後に騎馬舞踊が披露された」(15)。

こうした仮面行列に登場する多彩な衣装と仮面は、交易都市ヴェネツィアの国際性の豊かさを表すものであった。十四世紀初めにはすでに、ヴェネツィアを経由してヨーロッパに広まった、幅広の湾曲した襟と、刺繍の縁飾りのついた高価な衣装が流行した。束ねた羽を豪華な頭飾りとして使った仮装は東方交易で活躍した海運国ヴェネツィアを象徴している。帽子に付いた羽飾りは以前からオリエンタル風のファッションとして知られ、高い羽や長い羽は地位の高さを表す印となった。一方短い羽は階層の低さを象徴し、雌鳥や家鴨などの短い

現代のカーニヴァルに再現された湾曲した襟や豪華な羽飾りは16世紀に流行した。

サン・マルコ広場ピアッツア（大広場）。ナポレオンは「ヨーロッパで最も美しいサロン」と賞賛したという。古代ギリシア・ドーリア式列柱が囲む厳かな空間。

羽は庶民の頭部を飾った。庶民階層であってもカーニヴァルの際には、しばしば長い束ねた羽や高価な孔雀やキジの羽を用い、上層階級の役回りを演じようとした。

仮面行列の豪華さを、よりいっそう華やかに演出したのはヴェネツィア固有の劇場型都市の空間構成であった。長方形のサン・マルコ広場ピアッツァの廻廊は、古代ギリシア・ローマ風の列柱が囲み、共和国の大広間と呼ぶにふさわしい威厳を持った統一感のとれた構成となっている。こうしたルネサンス建築の古典様式の柱廊が作り出す劇的な祝祭空間について、ブルクハルトは次のように述べている。「もし人が、舞台作りの才能と俳優の豪奢な衣装と、当時の建築様式の理想的な装飾や葉形の飾りやタペストリーによる土地柄の表現と、最後に背景として大都市の広場に向いた壮麗な建物か、宮殿や大きな修道院の中庭の明るい柱廊を思い浮かべるならば、そこに一つの非常に華美な情景ができあがる」。[16]

こうした祝祭空間からは庶民の住居は完全に締め出され、世俗的な生活感を遮断した整然とした光景を実現した。厳粛な雰囲気を醸し出す広場で、仮面行列は華やかではあるが、厳かな雰囲気をもったある種の国家的な式典として展開した。

なんといってもヴェネツィアの仮面カーニヴァルの比類のない絢爛さの魅力は、舞台となった海に浮く都にほかならない。馬はもとより馬車も禁止されるヴェネツィアでは、海上には煌びやかに飾り立てられた数多の舟が並ぶ。海に浮く都ならではの劇的な光景について、ブルクハルトは次のように述べている。「一四九一年フェラーラの公妃たちを迎えるために漕ぎ出された豪華船は、まったくおとぎ話めいた見世物だった。その船の先触れに、豪華な衣装をつけた若者を乗り組ませた、毛氈と花綱で飾られた無数の船だった。その周りには神々の持物をもった妖精たちが、宙吊り仕掛けに乗って飛び掛っていた。はるか下にはトリトンやニンフの姿をした他の妖精が群れを成していた。いたるところに歌声が響き、芳しい香がして、金糸で縫いとりした旗がはためいていた。豪華船の後にはあらゆる種類の小舟の群れ、一マイル先の海面が見えないくらい続いた」。[17]

海上で繰り広げられた寓意的な世界を表現した壮麗な船行列は、「海との結婚」の儀式でも行われ、比類のないヴェネツィアの祝祭の光景となった。十六世紀には大運河を舞台に船が行列となって埋め尽くすという、豪華な船上の仮面カーニヴァルが繰り広げられた。ヴェネツィアでは建物ののファサードは水辺に面して建てられているために、水辺に面した階上の広いテラスは、大運河で繰り広げられる船上の仮面行列を見下ろす、桟敷席のような役割を担った。大運河を挟む町並みを、壮大な劇場空間に変えたのは商人貴族たちで、十六世紀には貴族たちは団体に分かれて、カーニヴァルを組織していた。「その主な出し物は、船にのせた巨大な装置だった。たとえば一五四一年センピテルニ（永遠成るものたちの意）の祭りには、大運河を円形の「宇宙」が通り、その開口部からは、なかで行われている華やかな仮面舞踏会が見通せた」[18]とブルクハルトは記している。

ルネサンス期の共和国の祝祭で登場した世界劇場について、陣内秀信は『ヴェネツィア水上の迷宮都市』のなかで次のように記している。「一五六四年の六月には、サン・マルコ広場のすぐ先の水面に、『世界劇場』（テアトロ・デル・モンド）と呼ばれる浮かぶ移動劇場が登場し、祝祭の雰囲気をおおいに盛り上げたことが知られている。名門フォスカリ家のために、祝祭の仕掛け人集団『コンパニア・デッラ・カルツァ』の一グループ『アッチュージ』の手で、建築家ルスコーニのデザインで実現したものである。王冠のような形の浮かぶ劇場が、ファンタスティックな魚や怪獣に仮装した舟に引かれて水上を移動するのである」。[19]

こうした「世界の劇場」は球形または円形で設計され、劇場は世界を表し、都市のどの場所も劇場化するというコンセプトを掲げていた。[20]

大運河を通る船上で繰り広げられる仮面舞踏会もまた、ヴェネツィアの仮面カーニヴァルにおける独特な光景となった。樺山紘一は、この頃の舞踏についてこう記している。「地中海世界に古くからつたわるフォークダンスで、けっして高雅で優美とはいくまい。管楽器と打楽器がおもな伴奏であるからには、素朴なステップを想像できる」。

ルネサンス期における船上の舞踏は地中海世界に伝播した古代ギリシアのバッコスの巫女バッカイたちの舞踏に由来すると考えられている。[21]

ドイツの週刊シュピーゲル誌は2012年５月にヴェネツィア特集を組んだ。1200年頃のサン・マルコ海岸の光景。

ヴェネツィアの仮面

海上都市と仮面

ヴェネツィアの崩壊が目前に迫った十八世紀後半にはドゥ・ブロスやゲーテがヴェネツィアに滞在し、この都市の魅力を記している。彼らを魅了したのは海に浮かぶ都の稀有な景観の美しさだけでなく、やはりヴェネツィア特有の仮面文化だった。仮面は当時からすでにヴェネツィアを代表するアイコン的な意味をもち、他の地域とは異なる、ヴェネツィア固有の芸術文化を形成した。仮面はピエトロ・ロンギの絵画の主題となり、またドゥ・ブロスが感嘆したように、当時のファッションに大きな影響を与えた。ヴェネツィアの生活は仮面を媒体として営まれていると思えるほど、仮面が日常の生活に密着していた。芸術や文化を表象するだけでなく、仮面を媒体とする特有の生活感をもたらした。仮面が適度な距離感を保って人や社会とコミュニケーションを取るための、社会生活における身だしなみの道具となっていたのだ。

ゲーテの日記に書かれているように、この街特有の海上都市空間に、七つの常設劇場があり、他に仮設の掛け小屋や歌劇場があって、どこかで毎日仮面演劇や人形劇、オペラや世話物などが上演されていた。(22) 広場では香具師《やし》がコンメディア・デッラルテの役者さながらに大衆を惑わし、大道芸人の歌謡や見世物が物売りの叫び声や騒音、話し声と入り混じって、野外の実験演劇のような様相を呈していた。さらには広場は社会的な性格を持っていて、宗教儀式や国家の典礼、カーニヴァルの際の見世物や仮面行列などで、芸術家や商人、旅人や貴族などさまざまな職業や階層の人々が定期的に出会う空間となった。こうした視覚文化が醸成される空間の中でヴェネツィア特有の仮面文化が生成されていった。一方で仮面の使用を禁止したが、他方で例外を設けて、カーニヴァルの期間を延長し、さらにその前後に多数の祝祭を行ったことで、人はほとんど一年中仮面を被ることができた、と言っても過言ではない。日常化した仮面といった独自な用途のために、ヴェネツィアの仮面は、造形的にも材質的に他の地域とは異なる特徴をもっている。古代エジプトでは仮面をもう一枚の皮膚と呼んだそうだが、ヴェネツィアにおいて仮面はもう一つの顔となった。先述したように、ヴェネツィアでは仮面行列は国家を表象するマス・メディアとなり、カーニヴァルの仮面着用を国家が認知し、さらに限られてはいたものの、日常仮面の着用を許していた。

ヴェネツィア共和国の経済的政治的な力が衰退の兆しを見せ始めていたルネサンス時代

は、ヴェネツィアで文化芸術が豊かに開花した時代である。一方たびたびのペストの大流行で、死に直面した不安な時代でもあった。ヴェネツィア共和国の繁栄はこの時代に陰りを見せ始める一方、仮面カーニヴァルは最も華麗に展開し、ヴェネツィア特有の仮面と衣装が登場した。それがバウタやペストの医者などの仮面である。特にバウタとモレッタ、コメンディア・デッラルテの演劇の仮面、そして医者がペストを診察する際に日常用いた仮面などは、ヴェネツィア社会の光と陰を可視化している。

仮面の日常化は生活感覚に独特の変化をもたらした。古代ローマの喜劇に由来するという即興仮面喜劇が、ルネサンス期のヴェネツィアで人気を博し、劇場のなかだけに止まらないことも、仮面の日常化から生じている。ゲーテはこの都市特有の地形が、ヴェネツィア人独特の性格を作ったと述べたが、さらに言えば、比類のないこの都市の形状が、特有の仮面文化を作り出したのだ。

禁止と例外

衣服に対する規制や禁制は社会的秩序やシステムを可視化している、と柏木博は述べているが、ヴェネツィアの仮面は禁止と例外の繰り返しであった。仮面に対する当局の対応の変転に、ヴェネツィア社会の精神構造が最もよく現れている。ヴェネツィア社会における仮面受容の有り様と、仮面に対して政府が臨んだ態度を見ると、ヴェネツィアで果たした仮面の機能と役割が浮かび上がってくる。ヴェネツィアにおいて仮面の記述が最初に表れるのは一二六八年の条例で、仮面着用禁止についての記述である。(23) この出来事にはヴェネツィアにおける仮面の位置付けがよく示されている。一二六八年に、仮面着用と仮装の禁止が発令されて以降、仮面着用は繰り返し禁止され、規制されてきた。禁制の理由は当時「卵の悪ふざけ Giocare alle uova」と呼ばれる卵投げの遊びが流行したからだ。

悪魔に仮装した男たちが想いを寄せる女性たちの家々の前を通り過ぎるとき、香水や打ち粉を詰めた卵を投げつけたのだ。一三三九年二月には仮面を被って夜間外を歩くことが禁止された。それから六〇年を経た一三九九年には、仮面をつけた人々が教会から追い出された。一四五八年に「十カ条の勧告　Consiglio dei X」が提出され、淫らな行為や恥知らずな話をするために女装して、女子修道院を訪ねることが禁止された。「一四六一年には、仮面を被って仮装した人々によって引き起こされる不当な事故を避けるための布告が出された。いかなる理由があろうと、いかなる者も、仮面を被り、仮装し、あるいは顔を覆うことは許されない」といった厳しい対応である。(24) 一五三一年に出された布告では、仮面をつけた人が武器を所持することを禁止した。

仮面をつけた人々を教会から追放し、夜間外出の禁止令などは度々発令されたが、特に一六〇八年八月十三日に発令された〈十カ条の勧告〉は重要である。「違反者は最長二年間の禁固刑、または十八カ月間ガレー船で足に鉄鎖をつながれて船漕ぎするといった苛酷な懲役だった。一六一三年と一六一八年のこの布告は更新された。ヴェネツィアの娼婦たちもカーニヴァルから締め出されることになった。彼女たちが違反した場合は、鞭打ちかまたは総督宮殿前の広場に立つ二本の柱の間で二時間晒し者にされた。あるいは四年間ヴェネツィアから追放された」。[25]この勧告はとても厳しい罰則を課しているが、ヴェネツィアでは仮面を一年間を通して被るほど習慣化したことが明らかとなったからだ。他方仮面の日常化は世界の人々をヴェネツィアに惹きつける大きな魅力となっていたが、十カ条の勧告は、ヴェネツィアの仮面文化に惹きつけられて訪れる外国人に対しても適用される、厳しい内容となっている。そして海洋都市や港湾都市の例にあるように、高級娼婦コルティジャーナの存在も外国人をこの都に誘うもう一つの魅力になっていた。コルティジャーナたちは男性ばかりではなく、モードに敏感な女性たちには時代を先取りしたファッション・リーダー的な存在として注目されていたのだ。E・ヴォルピによれば、当時厚底靴ゾッコリ zoccoli が流行した。ヴェネツィアの女性たちは足元を美しく見せるために、一五センチから、ときには五〇センチもの高いヒールのゾッコリを履いて、街を闊歩していた。[26]岡田温司の『グランドツアー

18世紀イタリアへの旅』によると、ヴェネツィアのコルティジャーナたちは十六世紀にはすでに、時代の先端を行く洗練された装いで、ヨーロッパのファッションの最先端を行くある種のアイドル的な存在となり、多くの観光客をこの都市に誘った。(27) なかでもヴェロニカ・フランコ（Veronica Franco 一五四六〜一五九一）のように、芸術や文学の知識が高く、王侯貴族と交流し、詩集を出版したり、編纂するコルティジャーナもいて、(28) ヨーロッパの貴族の息子たちを中心に広まった観光ブームの最も魅力的な目的地となっていた。ヴェネツィアでは、観光旅行者目当ての案内書に、「ヴェネツィアの最も洗練された最も高価なこの婦人たちのカタログが登場した」(29) ほどであった。しかし華美な絹の衣服を着て、仮面をつけ、胸も露わな謎めいた女性たちがリアルト付近の橋のたもとに現れたことから、彼女たちの行動は風紀を乱すとして厳しい罰則の対象となった。(30) 仮面を隠れ蓑とした無秩序な行為から、仮面着用の禁止はしばしば繰り返されたが、一方公式な式典に豪華さを添えるために、仮面行列は欠くことができ

ゾッコリ zoccoli 15・16 世紀に流行した厚底の木靴。ヒールの高さは 15 センチから 50 センチ。（模写）

ないものとなっていった。仮面行列に対する市民の熱望も強く、仮面に対する禁止と例外といった「飴と鞭」的な対応に、共和国の複雑な気持ちが表れている。

一五四九年二月九日発令の「十カ条の勧告」で仮面着用はカーニヴァル期間だけに制限された。カーニヴァルの期間が「十二月六日からカーニヴァルの木曜日」となったことで、仮面を着用できる期間が約三ヶ月間短縮された。委員会は「カーニヴァルの木曜日 Giovedì grasso」の組織を市庁高官に移すことを決めた。これにより、カーニヴァルを品位あるものに整え、新しい国家のイメージと結び付けるためであった。仮面を被ることは公には十二月二六日の聖ステーファノの祝日からカーニヴァルの木曜日までの、カーニヴァル期間に制限されたが、今回も仮面付きの衣服タバッロとバウタだけには例外を認め、十月五日から十二月六日まで用いることが許された。カーニヴァルの始まりを十二月六日と定めたので、結局はバウタだけはいままで同様十月五日からカーニヴァルの木曜日までの約六ヶ月間も被ることができたのだ。バウタがヴェネツィアの生活に如何に密着していたかが伺える。そのほかにヴェネツィアの守護聖人の聖マルコの祝日四月二六日、キリスト昇天日、サン・マルコでの総督と代理人の任命日、サン・ピエトロ・ディ・カステロでの総大司教就任日、サン・フランチェスコでの公式祝宴、さらには臨時の祝日も加わって、実際には実に多くの祝日や式日が設けられ、結局は一年中といってよいほどかなり自由に仮面を被ることができた。一七三九から一七四〇年にヴェネツィアに滞在したフランスの比較文化学者シャルル・ドゥ・ブロス（Charles de Brosses　一七〇九〜一七七七）は『イタリアからの手紙』で、ヴェネツィアの祝祭日と仮面着用期間の長さについて記している。

「カーニヴァルは十月五日に始まって、昇天祭までの間にちょっとしたカーニヴァルがあります。その期間は六ヶ月以上もあって、この地ではみな何処へ行くのにも、仮面をつけて出かけます。司祭や大司教、ローマ教皇大使や門番でさえも。私が冗談を言っているとは思わないでください。仮面は衣服の一部なのですから。聞いた話では、仮面を手にもつか、あるいは鼻に掛けて行くかしないと、司祭は信徒を不快にするし、大司教は司祭を不快にするということです。オペラや芝居にも、仮面をつけて行きます」と、驚きを込めて伝えている。(31)

ドゥ・ブロスが伝えるように、フランスでもドイツでも教会は仮面の着用を厳しく禁じていた。しかしながらヴェネツィアでは禁じる側に立つ司祭でさえも、仮面を持たずに信徒を訪ねることができなかった。それほどまでも仮面はヴェネツィア社会に居場所を持っていたのだ。バウタやモレッタのような日常用いられた仮面はこの都市を訪れた多くの旅行者を驚嘆させた。仮面の着用は繰り返し禁止され、制限されもしたが、一方で例外を設けて規制を緩めるなど、国家は仮面に対してバランスのよい対応をした。政府のこの柔軟な姿勢にはヴェネツィア人の政治手法のしたたかさが垣間見える。一方当然のことながら、仮面の匿名性が犯罪行為や暴動のエネルギーにつながることを恐れてもいた。こうした二項対立的な矛盾した共和国の意向が、禁止と例外の繰り返しに表れている。

バウタ――もう一つの顔

レパントの海戦記念の仮面行列以降、ヴェネツィアのカーニヴァルは、ファッショナブルな仮面カーニヴァルとして明確に意識された。カーニヴァルの仮面行列は国家的な規模のアイコンとして機能した。それに対してバウタはヴェネツィアの人々の心情を映すアイコンとなった。それゆえバウタは「国民の仮面 mascheranazionale」と呼ばれている。(32)

バウタはヴェネツィアのもう一つの顔。

バウタ La bauta はもともとフランスからもたらされた、十七、十八世紀のカーニヴァルで流行した古典的な白い半仮面の付いた衣装の一部で、頭巾の名前であった。黒い絹でできたこの頭巾を頭から被り、顔のところで左右に分けて肩まで垂らした。この頭巾の上に黒い絹製の三角帽子トリコロールを被った。さらにこの衣装にタバッロと呼ばれるマントがつけられた。十八世紀になるとこの質素な衣装に社会的な地位を強調する特別なデザインが見られるようになった。貴族はたいがい黒い絹で作り、ビロードや絹など目的に合わせた特別な素材を選び、金や銀、真珠などの縁飾りを付けて贅沢さを競った。庶民は耐久性の良い赤か灰色の綿ビロードで作った。顔にはヴォルト volto（顔）と呼ばれるシンプルで質素な白い半仮面をつけた。この仮面は頭に結び付けられるのでなく、額の生え際と三角帽子の鬢革の間に挟み込んで固定する。この仮面は日常の用途に適した工夫が施され、自由に呼吸したり、話をしたりさらには食事できるように、下顎の部分が開いた半仮面の形をしている。

トリコロール（三角帽子）

トリコロール（三角帽子）は元来芯を入れた紳士用の帽子で、フェルトあるいは半分フェルトが入った素材でできていた。この形は十七世紀のつば広のソフト帽から発展したもので、一六九〇年にフランスで生まれた。トリコロールは縁を銀や金の縁飾りで飾って豪華さを表し、上層階級の証となった。(33)階層をリセットする仮面が、逆に階層を表すという二重性を持ってしまったのだ。一七二〇年から初めて市民もトリコロールを被ることができた。トリコロールは十八世紀のヴェネツィアで仮面と衣装が一体となったバウタの一部になった。カーニヴァルの古典的なモードは現代にも受け継がれ、さまざまにアレンジされ変化しつづけている。

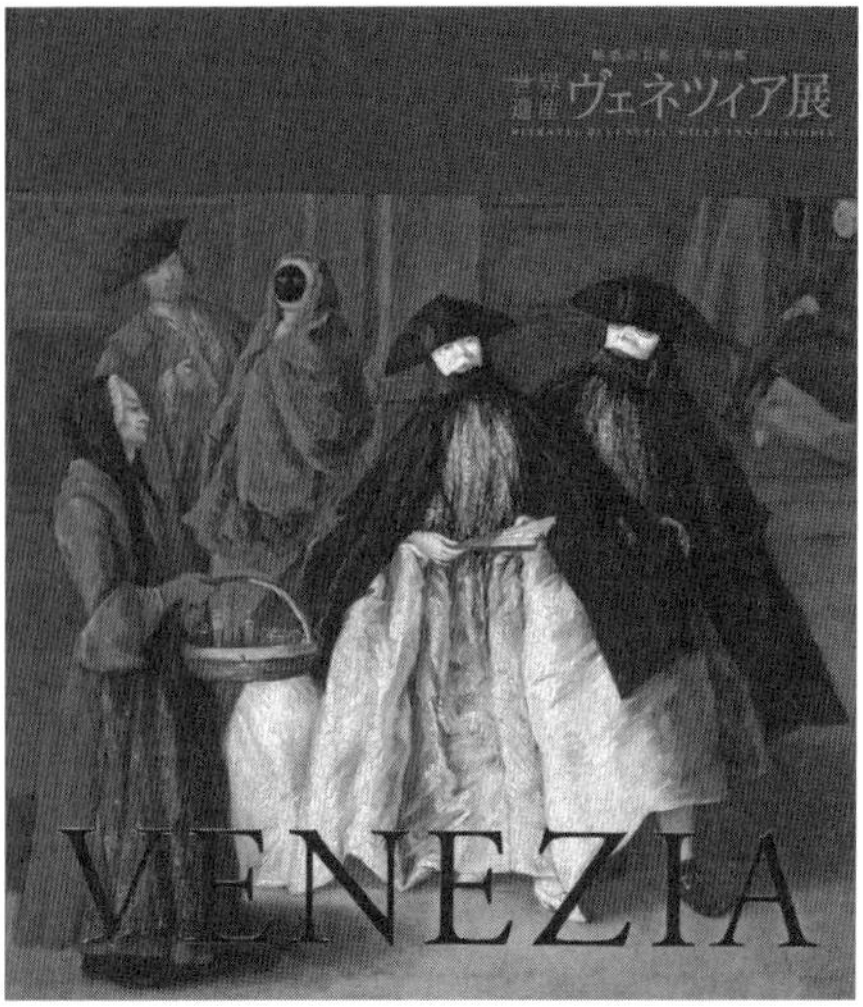

近年日本で開催された「ヴェネツィア展」カタログ表紙にバウタを描いたP. ロンギの絵「香水売り」が使われた。(『魅惑の芸術・千年の都　世界遺産　ヴェネツィア展』カタログ、2011年)

バウタで登場するのは、最初は男だけであったが、一七四三年頃から女もタバッロとバウタを身につけるようになった。(34)ロンギの絵「香水売り」を見ると、バウタをつけた男性と女性が描かれている。この女性の着ている豪華な刺繍の施された上品な衣装と靴そしてしぐさから、この女性が上流階級に属していることがわかる。この絵では、左側の香水売りのみすぼらしい格好と、豪華な衣装と対照的なシンプルなバウタが、むしろ衣装の煌びやかさと品のよさを引きたてている。左奥の女は、女性用の仮面モレッタをつけている。

バウタは誰にでも好まれ、男性と女性、貴族と庶民などの区別がなく、誰でも被ることができた。公にはカーニヴァルの期間だけ着用を許されたが、貴族はカーニヴァルの期間以外も以外も着用がされた。タバッロとバウタで身を包み、市場に出かけ，劇場やカフェ、カジノやレガッタ（競艇）、そして舞踏会などに出かけることは，十八世紀のヴェネツィアでは普通のことだった。それゆえバウタは「貴族の仮面 maschera nobile」とも呼ばれ、この仮装をした人と出会ったときは、「仮面のお方」と挨拶するのが礼儀となった。身分や立場をリセットするはずの仮面が、仮面を被ることで、身分や社会的立場を表す逆転現象が生じたのである。隠すと同時に表すという仮面の二重の機能性がバウタを通して見えてくる。

この仮装はヴェネツィア市民だけでなく、富や名声そして享楽を求めてこの街を訪れるヨーロッパの王侯貴族や富裕な商人貴族たちにも歓迎された。国家の役人から僧侶、神父そして善良な下僕までもが好んでタバッロとバウタに仮装し、身分を隠して生活を楽しんだといわれている。とはいえ実際にはカーニヴァルの期間以外にバウタとタバッロの着用を許されたのは王侯貴族だけであったため、むしろ質素なバウタの下に高貴な人物が潜んでいると見なされたのだ。バウタはゴンドラとともにヴェネツィアを象徴し、ヴェネツィアの精神と

貴族の仮面 maschera nobile と呼ばれた豪華な装飾の付いたバウタ。（現代のカーニヴァル）

真髄を象徴するものとなった。多くの衣装が歴史と時代の変化のなかで生まれては消えたが、カーニヴァルの伝統が再び復活した二百年後の現代のカーニヴァルでも、バウタはさまざまなヴァリエーションで、再び登場し、最も好まれる仮装の一つとなっている。

世界に知られるヴェネツィアの仮面カーニヴァルについて、歴史的資料が少ないことは研究者らが指摘している。[35] 現代にその視覚史料を遺したのが、十八世紀のヴェネツィアで活躍したピエトロ・ロンギ（Pietro Longhi 一七〇二～一七七五）や、ジョヴァンニ・ドメニコ・ティエポロ（Giovanni Domenico Thiepolo 一七二七～一八〇四）らで、ヴェネツィアの日常の光景を描く風俗画家として活躍し、仮面で仮装する人々を描いている。彼らの作品は同時代にヴェネツィアに生きた画家ならではの、ヴェネツィアの特徴を掴んだ、生活の様子が描かれ、現代でいえば記録写真に匹敵する貴重な視覚史料となっている。

ロンギの代表作品に、「バウタをつけた訪問」がある。この絵の主題は仮面を巡って鑑賞者の想像を呼び覚ます三人の人物の関係だろうか。小さな裁縫テーブルを挟んで、貴族とおぼしき若い女とバウタをつけた男性が座り、その向こう側に若い男が黒猫を抱いて立っている。女は青いスリットの入った赤いドレスを身に付け、その隣に立つ男は粋な赤いジャケットを着ている。バウタをつけた男のくつろいだ座り方から、また右側の大きな箪笥の上に鬘が置いてあるのを見ても、部屋は婦人の私室であることがわかり、訪問者が婦人と親しいと見受けられる。バウタを付けているところから、カーニヴァルの時期かと思われるが、ヴェネツィアでは、貴族はカーニヴァルの時期以外も、仮面をつけることが容認されていたので、その点は不明である。若いメイドがサービスしているのはコーヒーと思われる。家具調度にロココ調で設えられた部屋の雰囲気がみてとれる。

「賭博場の仮装した人たち」は、バウタつきの黒マントを羽織った男たちや、モレッタと呼ばれる黒い半仮面を付け、頭からショールを被った女たちが賭博場で賭けに興じる様子が描かれている。「仮面は衣服の一部なのです」というドゥ・ブロスの言葉は、比喩でも誇張でもない。バウタについて観察したことをありのままに報告しているだけだ。

オリエント文化がヴェネツィアのファッションに与えた影響について、モルメンティやヴォルピらがしばしば指摘しており、ヴェネツィアにおける仮面の日常化への展開は、オリエント世界からもたらされた影響と考えられる。オリエントとの交易でヴェネツィア人は顔

ヴォルトをチュール・レースで覆ったオリエント風の扮装は、現代のカーニヴァルにも好まれている。

を隠す文化に親しみ、他のヨーロッパの人とは異なる感覚を持っていた。実際イスラム圏の女性のように、ヴェネツィアの女性は、ヴェールで顔を隠すということもあった。シュークはこの習慣と仮面の受容との関係について、「ヴェネツィアで仮面を被る習慣は、オリエントの衣服やモスレムの衣服の影響から得た」[36]と述べている。頭部をターバンで覆い、ヴェールで顔を覆うといったオリエントのファッションは、オリエントとの交易都市ヴェネツィアにおいては、見慣れた服装であり、顔を隠す文化としてヴェネツィアの仮面の日常化につながった。バウタはこうした仮面文化を背景に、ヴェネツィア特有のファッションへと変容した。ヴェネツィアの人々にとっては、一般に仮面にイメージされる窮屈さはなく、ヴェールのような身近なアイテムとなっていたと思われる。バウタは衣服タバッロと文字通り一体化してデザインされている。東方交易でオリエントと交流があったヴェネツィアは、経済的交流で繁栄を手に入れただけでなく、文化や芸術の分野においても交流がありオリエント文化の影響も受けた。ヴェールで顔を覆うというオリエントの習慣が、顔を隠す文化として、ヴェネツィアの仮面文化の独自性につながったとも考えられる。

むしろそれ以上に、バウタはヴェネツィア人にとってもう一つの顔ひいてはもう一つの皮膚のような存在となった。バウタの仮面の部分を、顔を意味するヴォルトと呼んだように、共通の〈もう一つの顔〉となった。それは隠すと同時に表すという仮面の機能によってなしえたことであり、生来の素顔を隠して、バウタという共通の顔をつけることによって、ヴェネツィアのアイデンティティと精神につながるもう一つの顔を持つことになった。この共通の顔はヴェネツィアの仮面カーニヴァルによって生まれたものだが、それが共通の顔となって機能しえたのは、ヴェネツィア特有の海上都市の風景がもたらす心情によって元来非日常である仮面をもう一つの顔として日常化した、物語空間が成立したからだ。

モレッタ――女性の仮面

元来バウタは男性の被る仮面だった。バウタが男性の仮面を象徴するならば、モレッタmoretta は女性の仮面を象徴する。モレッタはヴェネツィアの仮面のなかで女性だけが被る仮面である。ロンギの作品にモレッタをつけた女性が描かれている。この仮面は小さい卵形をしており、黒い綿ビロードで作られている。この仮面もバウタ同様日常用いられた。モレッタにはショールが付き物で、頭部を包み込むように掛けたショールを肩まで垂らした。ダニーロ・レアートによれば、モレッタという言葉は「沈黙」を意味するモルタ molta というイタリア語に由来する。(37)というのもこの仮面の裏側の口元の辺りにメタル製のボタンが付いていて、それを口でくわえて支えるので、この仮面をつけた人は口を開くことができない。その

女性のつける伝統的なモレッタ（上、模写）と現代のカーニヴァルのモレッタ（下）。

結果モレッタをつけた人はお喋りを禁じられてしまう。もともとお屋敷の女主人が女召使を町に使わす際に、この仮面をつけさせたといわれる。モレッタをつけると話を聞くことはできるが、自分から話すことはできない。お屋敷の女主人たちの秘密は漏らすことなく、耳だけをそばだてて、町の噂話を集めて女主人に報告する。前近代的ではあるが、仮面が情報収集の装置に使われたのだ。

ペストの医者—社会を写す鏡

海は豊かさを運んでくれるが、同時に望ましくないものをもしばしば持ち込む。海洋路が運ぶ富で繁栄を築いたヴェネツィアは、いち早くヨーロッパに運ばれてくる禍いを招く上陸ルートとなった。ヴェネツィアのカーニヴァルに特有の仮面ペストの医者 medico della peste は、交易都市ヴェネツィアが拠って立つ海からもたらされた災禍だった。仮面ペスト

仮面ペストの医者。帽子・仮面・コート・靴・手袋・杖が一体となった扮装。医者がペスト患者を診察する際に身につけた。（模写）

の医者が生まれた背景には、海上に浮かぶこの都市の脆さと、征服しがたい自然の脅威が潜んでいる。この仮面はヴェネツィアの恐怖と苦悩の歴史を表していて、ヴェネツィア特有の仮面が誕生した歴史を投影している。

　ヴェネツィアは十三、十四世紀頃から幾度もペストの大流行に揺さぶられ、何世紀にも渡ってその危険に晒された。その反映として仮面ペストの医者が生まれた。ペストはヨーロッパ全土に広まったが、海運国の宿命として、海が運ぶ伝染病の恐怖に常に晒されていたヴェネツィアの状況と被害の深刻さがこの仮面と衣装の異様な造形に反映している。

　地中海交易を手中に収めていたヴェネツィア共和国は、諸外国との交流がとても盛んだった。そのためペストなどの伝染病もまた度々運ばれてきた。一三四六年一隻のガレー船が甲板に「黒死」を載せて港に着いた時、ヴェネツィアはヨーロッパで最初のペストの犠牲となった。ネズミが前オリエントからこの病気を持ち込んだのだ。住民の五分の三がペストに感染して死んだといわれている。すでにインドと中国では何百万もの人々がこの流行病で死んでいた。この疫病はイタリアを経由して通商路に沿ってヨーロッパ全土に広まった。ペストの波はその後も繰り返しヨーロッパを襲っている。一五七五年とその二年後一五七七年にペストの大流行に襲われたときには、ヴェネツィアの人口の約三分の一にあたる六万人がペストに感染して死んだ。当時の人々はまだこの病気がネズミの蚤《のみ》によって、さらにまた患者との接触によって感染することを知らなかった。この疫病に罹った者は、酸素が欠乏して皮膚が黒ずむことから、「黒い死」と呼ばれた。治療薬もなく成す術もなく、人はあらゆるところでこの病気と直面した。十七世紀になりペストはヨーロッパから消えた。

ヴェネツィアのコッレール美術館には、「ペストの医者」のスケッチが残されている。このスケッチは、実際に医者がペスト患者を診察する際の姿を描いた絵で、帽子・仮面・コート・靴・手袋・杖が一体となった物々しいこのいでたちは、医者自身が抱くペストに対する恐怖を伝えている。とても長い嘴《くちばし》の付いた白い仮面をつけ、黒いつばの広い帽子と布で頭部をすっかり覆い、その上に帽子を被っている。さらに長い黒いマントで身を包み、長靴を履き、手袋をし、右手に長い棒を持っている。この姿を見ると、ペストが彼の体に入り込む一部の隙も与えていない。この扮装は、ペストがヴェネツィア中を恐怖のどん底に落としいれ、治安を乱したどれほど恐ろしいものだったか物語っている。この仮面の特徴となっている奇抜な長い嘴には空気感染を防ぐために、フィルターの役目をするガーゼか綿を詰めて、そこに薬草を詰めた。彼らはこの仮面を被って、ペストに罹った患者のもとに通った。嘴の部分に薬を詰め空気から病気が感染しないように防いだ、その想いが長い嘴の形状に表れている。

医者をペストから守るための工夫は衣服にも求められた。この図版に描かれているように、医者は亜麻布か蝋引きの布で作った長い黒マントを着て、鍔の広い黒い帽子を被り手袋をした。そして何よりも重要なことに、患者に直接触れなくてすむように、長い杖を持ち歩いた。ペストに感染した人は三日目には死んだ。四〇〇を数える小さな島々の集合体からなるヴェネツィアでは、島の役割が定められており、死者は死の島と呼ばれるサン・ミケーレ島に葬られた。

二〇世紀に入って再び、ヴェネツィアは伝染病の恐怖に晒された。Th・マンの小説『ヴェニスに死す』に描かれたように、ヴェネツィアにはコレラが流行して、多くの人が感染して亡くなった。共和国の栄華が過去の歴史となった二〇世紀に、主人公の小説家グスタフは、リドの海岸でポーランドからやって来た家族のなかに、美少年タージオを見かける。グスタフは少年の繊細な美しさにすっかり魅了され、滞在を伸ばし伸ばしにしてしまう。疫病が蔓延《まんえん》して、街中で消毒作業が始まり、次々と旅行客が去って行くが、彼はタージオとその家族の

墓の島と呼ばれるサン・ミケーレ島

滞在するホテルから離れられず、ずるずるととどまり続ける。疫病が猛威をふるい、タージオとその家族が去った日に、グスタフは疫病に感染し、死んで行く。季節風シロッコの吹く海岸ののどかな情景、疫病から逃れがたい恐怖、そして青年になりかかった繊細な美少年タージオ、理想美の姿として傍らから観察する初老にさしかかった小説家グスタフといった対照的な構成は、海に浮く都のはかなげな光景と重なり、かつてペストの大流行で恐怖に陥ったヴェネツィアの過去と重ね合わせずに入られない。

仮面ペストの医者はヴェネツィアのカーニヴァルに伝統の仮面となって登場した。仮装の道具ではなく、実用の道具としてヴェネツィアの医者たちが日常使っていたこの仮面は、かつてこの都を襲った死の恐怖を思い起こさせ、今日でもやはり不気味な印象を与える。カーニヴァルの際のペストの医者の扮装はある時はリアルな不気味な扮装で、ある時は戯画化された姿で登場する。この扮装には恐らく、忘れてはいけない死の歴史に対する恐怖と、それをも戯画化して誇張した表現で追い払おうとする気持ちが表明されている。一六三〇年ペストの大流行が終わったとき、感謝するために、聖マリアのサルーテ祭が行われた。今日でも毎年七月の第三日曜日にこの祭りが行われ、サンタ・マリア・デル・ジョリオの橋から大運河を経て、サルーテ教会までパレードが行われる。十七世紀にはペスト終焉を祈念したイル・デレントーレ教会が建てられ、デレントーレの祭りが行われ、いまなお続いている。

ヴェネツィアの仮面文化から生まれた仮面「ペストの医者」は、鏡のようにヴェネツィアの社会を写しだしている。この仮面はルネサンス期のこの都の華やかなさと、その背景にあるこの負の歴史を浮かび上がらせる。幾世紀に及んで苦しめられたペストの記憶を忘れないために、いまにこうした負の歴史を伝える重要な仮面として登場し、海を糧に生抜いたヴェネツィアの脆さを現代に語りかけている。

喜劇の仮面

カーニヴァルになくてはならない道化は、古い仮面演劇の登場人物で、おどけ者マッタキーノ mattaccino に遡ると考えられている。山羊の角と尻尾を付けた一角獣の扮装をしたマッタキーノは、古代ローマのサテュロスに由来し、カーニヴァルで登場する藁人形オウーモ・ディ・パッジオや野生の男ウオーモ・セルヴァッジョとの関連が指摘されている(38)。道化のキャラクターは十八世紀半ばにはゲルマンのファスナッハトにも受け入れられ、今では世界中のカーニヴァルやイヴェントに登場し、子どもやおとなにも親しまれている。

道化ピエロのキャラクターは現代にカーニヴァルでも登場し、子どもにもおとなにも人気がある。

道化アルレッキーノは古いイタリアの即興仮面喜劇コンメディア・デッラルテの登場人物だった。その喜劇に属する仮面には他にもパンタローネ、プルチネッラ、ブリゲーラ、バランツォーネなど、古いイタリアの演劇形式から生じたたくさんの仮面がある。(39)

ヴェネツィアに伝わる演劇の仮面は、古代ローマの即興仮面喜劇の仮面を十六世紀ヴェネツィアに成立したコンメディア・デッラルテが継承したと考えられている。コンメディア・デッラルテは古くから伝わる黒い皮の半仮面をつけて演じるのがその特徴となっている。古典演劇にとって仮面は大事な役割を持っていた。役者のつけている仮面を見れば、いったい誰なのか、どんな性格の人物なのかがわかるようになっていた。仮面を用いた即興喜劇は庶民の娯楽として、町の広場の仮設舞台で演じられていた。庶民は仮面をつけて登場するさまざまな階層や職業の人々が引き起こす愚かな行為と、馬鹿げたやりとりから生じる滑稽さを笑いとばした。中世の時代庶民にとって滑稽な即興仮面喜劇は、抑圧された閉塞的な社会のなかで、ある種の潤滑油のような機能を果たし、ストレス解消に役立っていた。

十八世紀に一世を風靡した劇作家カルロ・ゴルドーニ（Carlo Goldoni 一七〇七～一七九三）は『二人の主人を一度に持つと』（Il servitore di due pardon 一七四五）を書いた。その主人公アルレッキーノはフランスの民間伝承に登場する「いたずら悪魔」エルルカンに由来するといわれ、イタリアの即興喜劇において、素朴だが機知に富んだトリックスターとなった。

現代のカーニヴァルに登場したマッタキーノ

劇作家カルロ・ゴルドーニの像

その一風変わった黒い半仮面は、中世の悪魔のイメージを模したと言われる。それを物語るように十六世紀の道化の仮面には角を暗示するものがついていた。道化には過去や死への想念を追い払う能力があるとされ、中世以来カーニヴァルの行列に道化が登場するのは当然の慣わしとなっていた。コンメディア・デッラルテの仮面と衣装は現代のヴェネツィアのカーニヴァルにもしばしば登場する。芝居小屋からカーニヴァルの通りに飛び出してきたかのようなコンメディア・デッラルテの人物は、黒い仮面をつけている。コロンビーナやパンタローネはもとより、なかでももっとも人気の高い人物はぺちゃんこの鼻と多彩な彩りの継ぎはぎ衣装を着たアルレッキーノである。彼は羽根のついた、細い折り返しのある帽子を被り、ベルトには袋をぶら下げ、手には道化のアイテム打ちべらを持っている。彼のトレードマークとなった多彩色のボロ服は時代を経て洗練され、現代では正菱形模様の道化の衣装として一般に知られている。不器用なアルレッキーノは何時も主人に怒られているが、生来の機知とユーモアで窮地を乗り切り、主人を煙に巻いてしまう。対話のちぐはぐさから生じる「笑い」という武器で世間

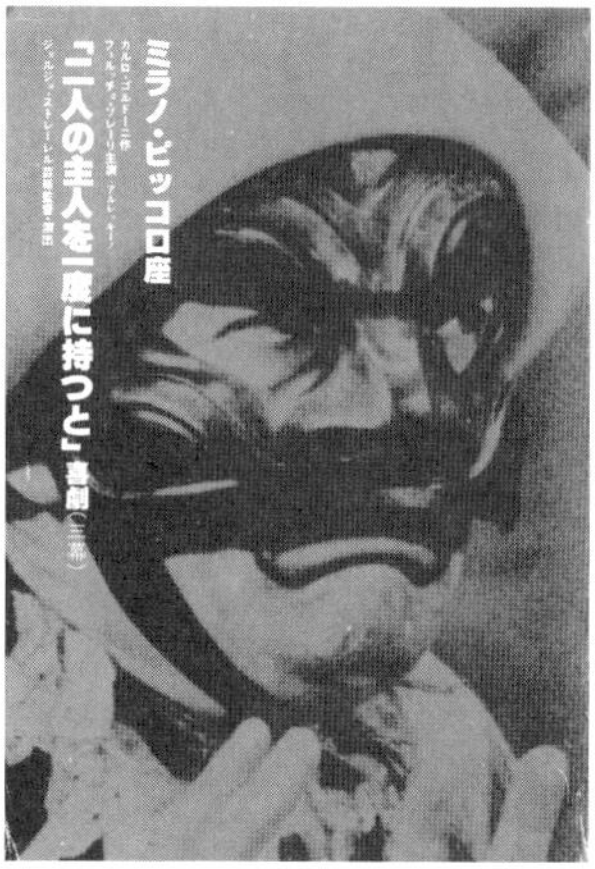

ミラノ・ピッコロ座来日記念日本語版上演台本『二人の主人を一度に持つと』（田之倉稔訳、1978年）表紙

を生き抜く道化のしたたかさが、庶民の抑圧された心を解きほぐしてきたのだ。

J・W・フォン・ゲーテはヴェネツィア共和国が崩壊するほぼ十年前一七八六年から一七八八年イタリアを旅したとき、ヴェネツィアを訪れ、ほぼ二週間も滞在した。ゲーテにとってヴェネツィアの魅力は、劇場が多く、また広場で小屋掛け芝居も上演されるなど、即興の仮面喜劇か人形劇などが、毎日ここかしこで上演され、日常の庶民の暮らしに活き活きと溶けこんでいることにあったらしく、彼は滞在中毎日のように劇場に通った。『イタリア紀行』一七八六年十月四日付けの日記にその印象を記している。「昨日僕はサン・ルカ劇場で喜劇を見た。とてもおもしろかった。見たのは仮面を用いた即興劇で、とても自然な、活気あるそして巧みな上演だった。もちろんみんな同じような演じ方ではなくメリハリがある。パンタローネはとても勇敢で、強い。体格がよい女優は、特に優れてはいないが、話し方がすばらしく、身振りがよくわかる。ドイツでいう『小屋掛け芝居』といったタイトルで、三時間以上楽しませてくれる。だがここでも芝居の拠って立つ基盤は、民衆だ。観客が一緒になって芝居をやり、観客が劇場と一体になって、一つに溶け合っている。一日中、広場や岸辺で、ゴンドラや宮殿で働き、買い手と売り手、乞食、船乗り、近所の女、弁護士とその相手といったふうにみんなが、必死になって働いて生きている。語っては誓い、叫んでは売りはたき、歌っては叱り、呪っては騒ぐ。そうして彼らは、夜には芝居へ行き、こうした彼らの昼の生活が舞台でうまくまとめられ、品よく整えられ、お伽話にないまぜられ、仮面によって現実からずらされ、風俗によって近づけられて再現されるのを、劇場で見たり聞いたりするのだ」(40)。

詩や小説のほか劇作品も多数書いたゲーテは、舞台上で演じられていることが実は客席を埋め尽くしている観客の日々の暮らしとつながっていることを、その作家的な鋭い観察力で描写している。若いゲーテの眼にはこの都市が、劇場で演じられる出来事と外の日常世界が切り結ぶ一つの舞台のように映ったのだ。ヴェネツィアの庶民が芝居に熱狂する劇場のなかで、舞台の上で演じられている出来事だけでなく、観客を一人一人の生活者として観察したこの日記から、仮面喜劇に熱狂する庶民の熱気が伝わってくる。またこの日記は、コンメディア・デッラルテが上演していた芝居小屋の作りや雰囲気、上演時間も伝える貴重な史料となっている。

ゲーテの日記にも登場するパンタローネは、ヴェネツィアの裕福な商人をモデルにしたキャラクターで、赤いウールのパンタローネ（現代のレギンスのような細いズボン）を穿き、赤か黒の長いガウンを羽織っている。頭にはフェルトのナイト・キャップを被っている。彼のこのいでたちは、今ベッドから起きてきたか、居間でくつろいでいるかのようだ。仮面をつけていない肖像もあるが、ほとんどは「老人」を象徴する白眉の長い、白い顎鬚《あごひげ》が付いた半仮面を付けている。コンメディア・デッラルテが半仮面を用いたのは、口を塞いで、発声を妨げないためだった。パンタローネはヴェネツィア方言を、老人特有のしわがれた声で話し、それによって可笑しさをひきだしている。パンタローネのキャラクターは、古代ローマの喜劇に登場するマニフィコに由来すると考えられている。権力者を表わすマニフィコはカーニヴァルや祭りの仮装にしばしば登場する。彼には下僕がつき従っていて、このマニフィコと従者との関係が、後にパンタローネと道化ザンニの組み合わせにつながったものと思われる。

コンメディア・デッラルテの人物は必ずしも仮面をつけないが、主要人物は仮面をつけて登場する。役者は仮面 maschera をつけることによって、役柄に自分を同一化させることができるが、仮面は役に成りきるための一つ装置となっただけでない。野村万之丞（五世、一九五九〜二〇〇四）は「常に一定の役柄を与えられているストック・キャラクターをも意味するようになった」と述べている。(41) グリム編纂ドイツ語辞典では、「仮面をつけた人そのものを表す」と仮面を理解している。(42) 仮面は歴史的に人物のキャラクター（性格）そのものを表現し、イタリア語のマスケラが意味する類型的人物を表しているると理解されている。

コンメディア・デッラルテでは半仮面か、もしくは仮面を付けずに登場するが、古代ギリシア演劇の仮面は全仮面で、目と口の部分は大きくくり貫かれ、素顔で登場することはない。この両者の造形の違いに、舞踊から演劇へと発展した、ヨーロッパ演劇の劇的表現の推移の様子がうかがえる。どちらかといえば、仮面舞踊、合唱劇の要素を持つギリシア時代の仮面劇に比べて、ローマ時代の仮面劇においては、劇的要素すなわち言葉と身振りが主要になってきている。コンメディィ・デッラルテの人気はカーニヴァルの人気と関連していて、両者が互いに補い合っていた。イタリア・ルネサンス期のヴェネツィアは、ゲーテが記しているように、即興の仮面喜劇が常に街の劇場で演じられ、劇場に行けば何時でもその登場人物が、活き活きと彼らの生活を映し、諷刺を飛ばし、願望を語っていたからである。コンメディア・デッラルテが上演した劇場は、ディオニューソス劇場の原初の姿を想像させるような、粗末な板張りの掛け小屋で、人々の生活の場と隣り合う、身近な存在だった。

半仮面をつけたコンメディア・デッラルテの登場人物。背景に掛小屋芝居の光景が見える。(ジャック・カロのスケッチ。1622年頃。

しかしながら、コンメディア・デッラルテの登場人物がヴェネツィアの仮面カーニヴァルの定番のキャラクターとして劇場の外に飛び出すのは、ヴェネツィア共和国が終焉した後である。(43)

コンメディ・デッラルテの人物（現代のカーニヴァル）

マスケラ・リトゥラット

イタリア語で仮面を意味する言葉マスケラ mascheraは、仮面をつけた人に由来し、そこから類型的な人物をも意味している。こうした類型化を促す仮面の一つに、マスケラ・リトゥラット mascheraritrattoと呼ばれる仮面がある。バウタとペストの医者の仮面に見られるように、ヴェネツィアではカーニヴァルの小道具として用いただけでなく、日常生活のなかで仮面がもう一つの顔として使用された。それゆえにこそヴェネツィアに独特の仮面文化が花開き、折々の多様化を許容しながら展開してきた。

マスケラ・リトゥラットは十八世紀にパリから入ってきた。リトゥルラット ritrattoとはポートレートを意味し、この仮面は実在のある一定の人物の面立ちを「肖像のように」模写するため、人の目を惑わすことで人気となり、とりわけ娼婦たちの間で好まれた。(44) まず一つ目の仮面をつけ、さらにその上に二つ目の仮面をつける。二番目の仮面をほんの一瞬はずすと、見ている人は、ひょっとしたら町の有名な人物を見たと錯覚し、騙されてしまう。このように錯視を利用した騙しの手法で、スキャンダルをあらかじめ仕組んでおくのである。こうして自分の妻を惑わし、恋の戯れや恋の駆け引きに用いられた。友人や通りすがりの人を

マスケラ・リトゥラット（現代のカーニヴァル）

騙し、ほかにもさまざまな仕掛けをして人を欺き、犯罪のトリックにも使われたため、後にマスケラ・リトゥラットは使用を禁止された。

マスケラ・リトゥラットには仮面の有する二重機能性とともに、素顔を見たいという心情が造形として具現化されている。仮面の下にどんな素顔が隠されているのか見たいという気持ちに誰もが駆られる普遍的な人間の心理を巧みに利用したのだ。この仮面には未知の存在に抱く好奇心を擽《くすぐ》るさらなる仕掛けが仕組まれていた。リトゥラットの一番上にある仮面を外しても、その下にはさらに同じ仮面が仕込んであって、なおさら本当の素顔を見たいという欲求に駆られ、際限なく人の好奇心を擽るのだ。

野村万之丞（五世）は「東洋のマスクロード」のなかで、「仮面はまるでリトマス試験紙のようだ。つまり、仮面は顔を隠すことによって、逆に心を見せる装置といえるだろう。「隠す」と「見せる」は、人間の心の裏表であり、仮面はその中間にあるインターフェイスといえるのではないか」と指摘し、仮面の本質となる二重機能性に対する一つの見解が示している。(45) 仮面は常に見える・見えないという境界線上に位置している。マスケラ・リトゥラットは、仮面が本質的に中間領域にあることを視覚化していると言えるだろう。伝統的な仮面が好まれるヴェネツィアのカーニヴァルのなかで、特にこのポートレートを写した仮面が人気となったのは、マスケラ・リトゥラットに仕組まれた構想が仮面の本質に結びつき、「素顔を知りたい」といった人の本心を擽る遊び心にもあるのではないだろうか。

第5章　ヴェネツィアの仮面カーニヴァル　―物語空間の演出と仮面の役割

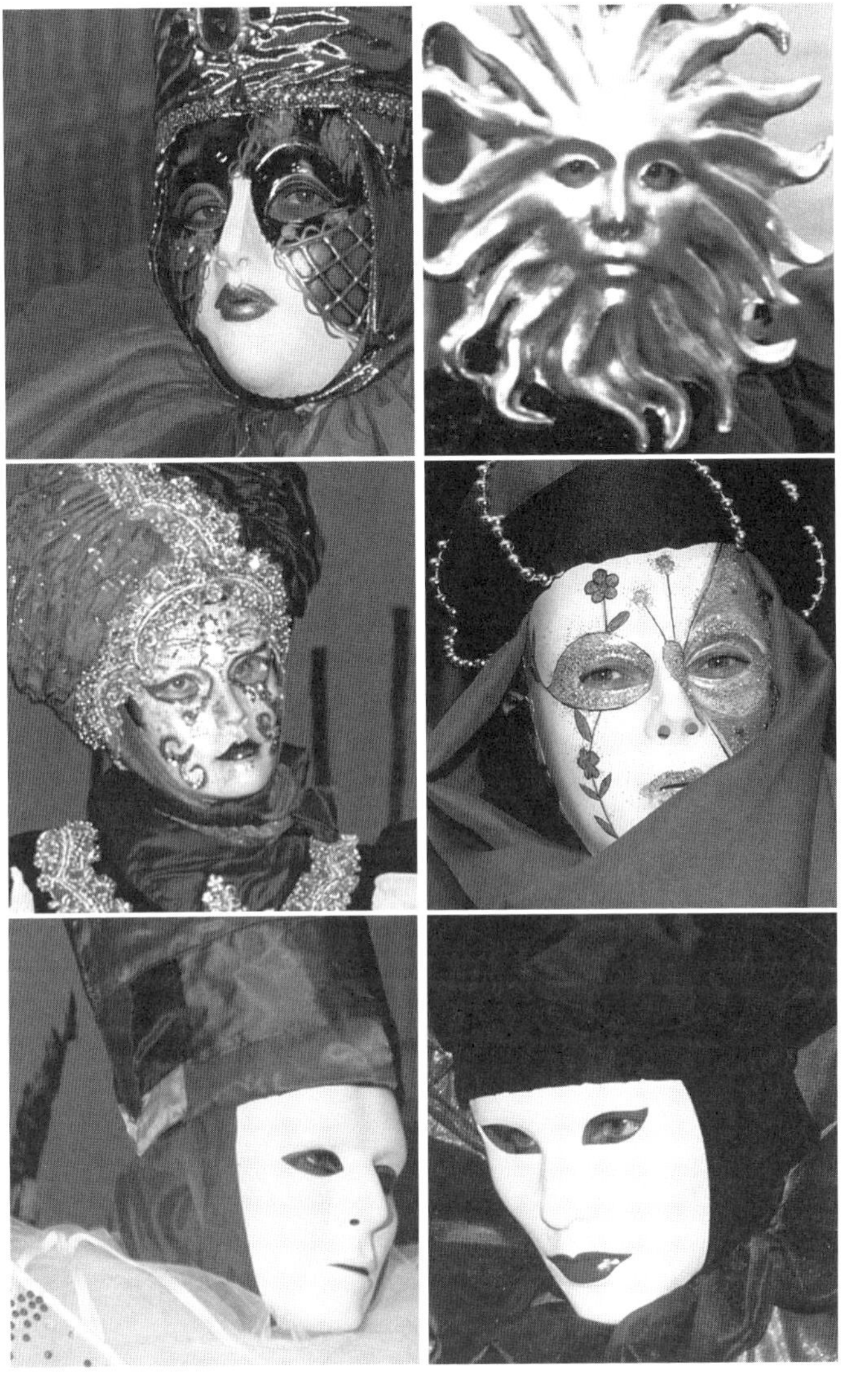

第5章　ヴェネツィアの仮面カーニヴァル　―物語空間の演出と仮面の役割

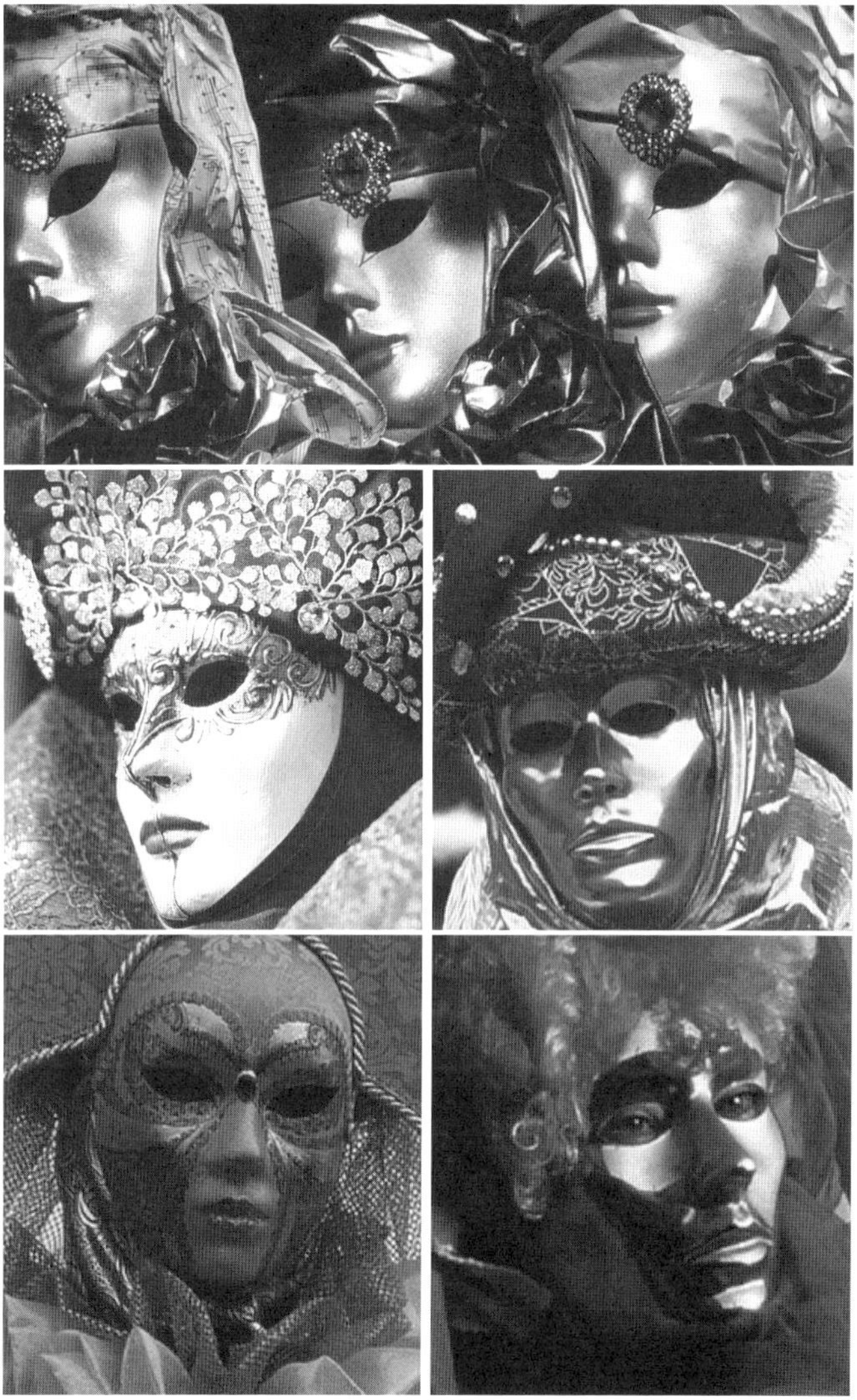

終章

――海に浮く都の光と陰――

すでにふれたように、ヴェネツィアにおいて仮面バウタは、日常の〈もう一つの顔〉となった。社会と交流する際は、バウタをつけていないことが無礼とされ、バウタをつけていることが礼儀とされた。そもそも仮面は素顔を隠す装置であるのに、隠すための装置が〈表の顔〉として社会に受け入れられ、素顔が顔として認知されないという逆転現象が生じた。ヴェネツィアにおける仮面の機能の逆転現象は、海に浮く都の形状と結びついている。国家の儀式「海との結婚」に表象されるように、この都市国家ではヴァーチャルな物語が現実の場で執り行われ、ヴァーチャルな出来事が歴史となって紡がれて行く。ヴェネツィア人はこの海の都で生きて行くために、生来の顔ではなく、元来非日常の装置にほかならない仮面を、日常のもう一つの顔として選んだ。言い換えれば共和国では素顔と仮面の立場が反転したのだ。シェイクスピアの戯曲『お気に召すまま』第二幕七場（2.7.140）に、ジェークイズの述べる、あまりにも有名な台詞がある。(1)

「この世界はすべて、一つの舞台だ、
男や女たちはみな、役者にすぎない。
現われては、消えて行く。
誰もが持ち時間のなかで、いくつもの役回りを演じて行く。

All the world's a stage,
And all the men and women merely players.
They have their exits and their entrance,
And one man in his time plays many parts.」

海に浮く都ヴェネツィアは、シェイクスピアのこの台詞さながらの舞台空間となった。寒いヨーロッパの冬に華やぎをもたらすカーニヴァルの季節ともなれば、仮面をつけ、ファッショナブルな衣装を纏《まと》った人々が、沈黙の演劇を演じるかのように、サン・マルコ広場を行き交う。
十八世紀ヴェネツィアの仮面カーニヴァルは華麗な仮面と衣装で、ヨーロッパで最も華麗な仮面カーニヴァルへと展開した。しかし一七七九年五月十二日ナポレオン・ボナパルトが率いるフランス軍がイタリアに侵攻し、ヴェネツィア共和国が崩壊したとき、ヴェネツィアの仮面カーニヴァルはナポレオンによって禁止された。(2) 公の行事やすべての集会はもとより、仮面をつけた祝祭は抑制の効かない暴動に発展するため、新しい統治者に恐れられたのだ。フランス統治下、さらには後のオーストリア統治下に置かれた間、「ヴェネツィア人は個人の邸宅や劇場そして賭博場に集まり私的なパーティで仮面舞踏会を開き、伝統の仮面カーニヴァルを細い糸で紡ぎ続けた。(3) 共和国時代にできた幾多の劇場や賭博場のなかでも、プライベートな舞踏会で最も有名で人気があったのは、カヴァルキーナ　cavalchina と呼ばれ、フェニーチェ劇場で開催された仮面舞踏会だった。(4) さらにかつての賭博場ダンドーロで開催された仮面舞踏会もとても人気があった。ヴェネツィア人は仮面カーニヴァルが禁止されていた間も、こうして劇場や賭博場を舞台に仮面カーニヴァルと舞踏会を続け、定期的に何百人ものカーニヴァル仲間がフェニーチェ劇場に集まった。(5) こうした密かな仮面舞踏会では、人々は仮面をつけずに出かけ、会場に入ってからはじめて仮面をつけたという。

ヴェネツィア人が安心して再びカーニヴァルを楽しむことができるようになったのは、ヴェネツィア共和国崩壊から七十年後で、それまではプライベートな集まりで細々と仮面カーニヴァルの伝統を受け継いできたのだった。しかしヴェネツィアの人々はただ耐え忍んでいただけではなかった。ヴェネト地方がイタリア王国に統合された一八六六年十月十九日の翌年一八六七年二月二四日から三月五日に至る十日間、ヴェネツィア人は内容豊かなプログラムでカーニヴァルを開催した。今ではヴェネツィアの仮面カーニヴァルのシンボル・キャラクターとなっているコンメディア・デッラルテの人物パンタローネが登場したのは、このカーニヴァルが最初だったという。「このカーニヴァルは伝統的な催しから、観光客目当ての呼び物へと決定的な突然変異を起こした。パンタローネの扮装が一八六七年からカーニヴァルのシンボルになり、誘導的な人物像になったのは理由がないことではない。海千山千の世間馴れした商人たちや裕福な市民はかつてのコンメディア・デッラルテの出身だったからだ」とヴァイヒマンは説明している。(6) トリック・スターの登場は、ヴェネツィアのカーニヴァルに現代のコスプレに通じる質的変化を与えたのだ。

最初にカーニヴァルのパンタローネ役を演じたのはヴェネツィア市長アメディオ・ダオステだった。彼の決断は「サン・マルコ広場に仮面をつけずに登場することを禁止」するという約束事に貢献した。言い換えれば仮面をつけずにサン・マルコ広場に入ることは許されなかったのだ。パンタローネに仮装したたくさんの人々が、共和国時代の仮面カーニヴァルの雰囲気を盛り上げた。(7) この出来事はイタリア統一で湧き起ったヴェネツィアへの愛国心と重なっている。ダオステはサルディーニャ王国ヴィットリオ・エマニュエルII世の息子で、エ

コンメディア・デッラルテの人物は現代のカーニヴァルでも人気のキャラクター。長い鼻の仮面はドットーレを想わせ、仮面ペストの医者と関連する。

マニュエルⅡ世は一八五九年一月にイタリア統一に向けた演説を行い、イタリア全土に統一の機運が高まっていた。折しも同年二月十七日にローマのアポロ劇場でジュゼッペ・ヴェルディ（Giuseppe Fortunino Francesco Verdi 一八一三〜一九〇一）はオペラ『仮面舞踏会』を初演し、楽曲の美しさと演劇性、さらにはイタリア統一を標榜する時代の雰囲気に適合したストーリーに聴衆は熱狂した。こうした状況下で、「ヴェネツィアは新しいカーニヴァルを愛国心として体験した」[8]。とはいえヴェネツィアはもはや東地中海に君臨する交易都市の覇者ではなく、ヴェネツィア共和国の栄華はすでに過去の記憶となり、カーニヴァル再生の期待は短い炎で終わった。その後も仮面カーニヴァル復活の試みはたびたび企てられたが、たいがいは長続きせず一過性の催しで終った。一九六八年ヴェネツィアのカジノに遺された回顧録を新聞が掲載し、芸術的に優れたカーニヴァルのプログラムを提案したがこれもまた実現に至らなかった[9]。

ヴェネツィアのカーニヴァルが公に復活したのは、共和国終焉から二百年を経た一九七九年である。この年ヴェネツィア大学建築学科で十二年間教鞭をとった建築家アルド・ロッシ（Aldo Rossi 一九三一〜一九九七）は、ヴェネツィア・ヴィエンナーレに際して、海に浮かぶ「世界の劇場」を設計した。ロッシはこれまで手がけた劇場プロジェクトのなかでも、この海上劇場を「とりわけ愛しく、心から好きになったものだ」と自伝で記している[10]。多数の舟に曳かれて移動する「世界の劇場 Theatro del Mondo」は、ルネサンス期にサン・マルコ海岸に登場した「世界劇場」を、共和国の記憶の底から蘇らせた。ロッシは二十世紀後半のアドリア海に蘇らせた海に浮かぶ「世界の劇場」をとても気に入り、「さらに後になって他のいくつかのプロジェクトを記述する時にも、この作品に戻ってみたい」とさえ述べている。(11) 海に浮かぶ「世界の劇場」が、幾多の小船に曳かれてアドリア海を移動して行く。この光景はロッシの心にいつか再び「戻ってみたい」という、幸福な創造的一瞬となる原風景となった。

現代に蘇ったこの「世界の劇場」が海に浮かぶ光景を見た人々の心に、ヴェネツィア共和国一千年の光と陰の歴史の原風景に「戻ってみたい」という想いが、束の間よぎったかもしれない。

注 釈

序章

(1) Molmenti, Pompeo G.. *La Storia di Venezia nella Vita Privata dalle origini alla caduta della Repubblica.* Edizione Riveduta e ampliata dall' Autore, TORINO, RUX E PAVALE, 1880.

(2) ブロツキー、ヨシフ『ヴェネツィア　水の迷宮の夢』金関寿夫訳、集英社、1996 年。

(3) Mann, Thomas: Der Tod in Venedig. Fischer Taschenbuch Verlag, 23. Auflage, Frankfurt am Main, 2011.pp.39-40.

(4) ブルクハルト、ヤーコプ･クリストフ『イタリア･ルネサンスの文化』柴田治三郎監訳　中央公論社　1966 年。Burckhardt, Jacob: Die Kultur dr Renaissance in Italien. Fischer Taschen Verlag, Frankfurt am Main, 2. Auflage, 2012.

(5) 陣内秀信『ヴェネツィア』講談社　1992 年、163-203 頁。

(6) 塩野七生『海の都の物語　ヴェネツィア共和国の一千年』 中央公論社、1980 年。

(7) Goethe, Johann Wolfgang von: Italienische Reise. 1816. In: Goethe Werke Bd. 12. C.H. Beck, München, 1989.

(8) Brosses, Charles de: Lettres d'Italie. Mercure de France, Paris, 1986.

(9) 参照：勝又洋子、北爪英明、安田哲也「ヴェネツィアの仮面に対する感性とその印象―対応分析を用いた検討―」日本感性工学会論文誌 Vol.13.No.1（特集号）pp.289-298(2014).

第 1 章

(1) エスリン、マーティン 『ドラマを解剖する』山内登美雄訳　紀伊国屋書店、39 頁。Martin: *An Anatomy of Drama.* Hill and Wang, New York, 1976.

(2) Schug, Jürgen: *Venedigs Maskenspiel. Eine Chronik des venezianishen Karnevals.* 1998.Schug, p.30.

(3) Schug, op. cit., p.31.

(4) Mezger, Werner: *Das grosse Buch der schwäbisch-alemannishen Fasnet, Ursprünge, Entwicklungen und Erscheinungsformen Organisierter Narretei in Südwestdeutschland.* Theiss Verlag, Stuttgart, 1999, p.8-9.

(5) 谷口幸男･遠藤紀勝『仮面と祝祭—ヨーロッパの祭りにみる死と再生』三省堂　1982年、110頁。

(6) Reato, Danielo. *Storia del Carnevale di Venezia*. Finito di stampare nel mese di genanaico, Venezia, 1988, p.51.

(7) 谷口幸男、同上、173頁。

(8) メルシエ、ルイ＝セバスティエン『十八世紀パリ生活誌　タブロー・ド・パリ（上）』原宏訳　1989年、401-402頁。Mercier, Louis=Sébastien: Tableau de Paris. 1782.

(9) メルシエ、同上、401-402頁。

(10) 谷口、前掲書、113頁。

(11) Andree, Richard: *Masken*. In:Andree, Richard: *Ethnographische Parallen und Vergleiche Neue Folge.* Verlag von Veit & Comp, Leibzig,1889, p.107-165.

(12) 佐原真監修・勝又洋子編著『仮面—そのパワーとメッセージ』里文出版、2002年、20-21頁。

(13) ウオーカー､バーバラ･G.『神話･伝承辞典　失われた女神たちの復権』山下主一郎他訳　大修館書店　1988年、501-502頁。 Walker, Barbara G.:*The Woman's Encyclopedia of Myths and Secrets.* Harper & Row, Publishers, Inc. 1983.

(14) *Deutsches Wörterbuch.* Jakob Grimm und Wilhelm Grimm, 6 Bde., Verlag von S. Heinzel, Leibzig, 1885, p.702-705./ Meyers großes Universallexikon. Band 9, p.171-172.

(15)『伊和中辞典　第２版』 編集代表・池田廉、第２版第11刷小学館、2010年。

(16) *Meyers großes Universallexikon, 9 Bde.*,Bibliographisches Institut AG, Mannheim, 1983, p.171-172.

(17) 谷口幸男・遠藤紀勝『仮面と祝祭—ヨーロッパの祭りにみる死と再生』三省堂　1982年、173頁。

(18) 参照。藤代幸一『謝肉祭劇の世界』（有）高科書店、1995年。

(19) 参照：佐原真「総論—お面の考古学」。所収：佐原真監修・勝又洋子編著『仮面—そのパワーとメッセージ』里文出版、2002年、19-43頁。

(20) ベドゥアン、ジャン・ルイ『仮面の民俗学』斉藤正二訳、白水社、1975年、90頁。Jean-Louis Bédouin. *Les Masques.* Paris, 1961.
(21) Scholz, Christian: *Das Fest der Masken, Karneval in Venedig.* Weisemühl , München. 1987, p.32-34.

第2章

(1) ハリスン、ジェーン・エレン『古代の芸術と祭祀』星野徹訳　法政大学出版局　1977年。Harrison, Jane Ellen: Ancient Art & Ritual. 1913.
(2)『ニーチェ全集1(第Ⅰ期　全12巻)』浅井真朗・西尾幹二訳　白水社　1994年、173-269 頁。*Nietzsche-Werke, Kritische Gesammtausgabe*, Herausg. von Giorgio und Mazzino Montinari, 1.Band, Walter de Gruyter, Berlin,1972.
(3) Frazer, J.G.: *The Golden Bough. A Study in Magic and Religion*. Third Edition, Part Ⅴ , Vol.5, Macmillan Press, 1990.
(4) 呉茂一『ギリシア神話』上・下、新潮社、1979年。
(5) ドゥティエンヌ、マルセル『ディオニューソス—大空の下を行く神』及川馨・吉岡正蔽訳、叢書ウニベルシタス、1992年。Detienne, Marcel: *Dionysos, á ciel ouvert*. Hachette, 1996.
(6) エスリン、マーティン　『ドラマを解剖する』山内登美雄訳　紀伊国屋書店、1978年、101頁。
(7) Schug, op.cit., S.60.
(8) クルト・ザックス『世界舞踊史』小倉重夫訳、音楽之友社、1972年、152-153頁。Sacks, Curt. *World History of the Dance*. W.W.Norton & Company, New York, 1963.
(9) 参照;監修・野村万之丞「心を映す仮面たちの世界」檜書店、1996年。本書でも野村は「神を演じるのに素顔が見えてはならない」と述べている。「狂言役者として仮面をつけて」演じる機会が多い役者の、この言葉は説得力がある。じっさい仮面の下から顎が見えたりすると、普段の顔を覗き見たような気持ちにさせられ、日常に引き戻されることがある。
(10) 参照　ベドゥアン、前掲書、90頁。
(11) 丹下和彦『ギリシア悲劇』中央公論新社　2008年、324頁。

(12) 鈴木忠志演出·構成「ディオニュソス」(1978、岩波ホール、原作エウリピデス「バッコスの信女」)は、大胆に切り詰めた脚本と、緊迫感のある演出で、ペンテウスとディオニューソスの対立を異なる価値観の葛藤として浮き彫りにした舞台が印象深い。

(13) ドゥティエンヌ、前掲書。

(14) Frazer, J.G. : *The Golden Bough. A Study in Magic and Religion*. Third Edition, Macmillan Press, 1990. Part V, Vol. 1, p.3.

(15) Reato, op.cit., p.61.

(16) エウリピデス、『エウリピデス「バッコスの信女」ギリシア悲劇Ⅳ　エウリピデス(下)』松平千秋訳、筑摩書房、2001年、456-448頁。EURIPIDES TRAGÖDIEN Ⅵ , Die BAKCHEN, AkademießVerlag, Berlin, DDR,1980, S.124.

(17) Frazer, op.cit., p.3.　石塚監修『金枝篇』第6巻、24頁。

(18) ニーチェ、前掲書、263頁。筆者のドイツ滞在中の経験では、3月春分の時節を迎えると、急激に気温が上昇し、夏日のような暑い午後が訪れる。草木は急に活気付いて萌え、芽が膨らみ、文字通りむくむくと蕾が花開いてゆく様子が見える。数時間の間に生じるこうした出来事を目の前で体験したとき、「魔法にかかった」不思議な光景を見ているようであった。しかし明くる日は再び、雪がちらつくような寒い冬日に戻る。春の目覚めを視覚的に告げるこの時は、毎年3月の春分の時節とともに繰り返される。

(19) エウリピデス、前掲書、488頁。

(20) ニーチェ、前掲書、254頁。

(21) アリストテレース「詩学」松本仁助・岡道男訳　『アリストテレース 詩学　ホラーティウス　詩論』所収　岩波書店　1997年､30頁。

(22) ハリスン、ジェーン・エレン『古代の芸術と祭祀』　星野徹訳　法政大学出版局、1974年、63頁。Harrison, Jane Ellen: *Ancient and Ritual*. The Home University Library of Modern Knowledge, Oxford University Press, 1918.

(23) エウリピデス、前掲書、488頁

(24) ハリスン、前掲書、62頁。

(25) ハリスン、前掲書。84頁。

(26) マレー、ギルバァト『ギリシア宗教発展の五段階』藤田健治訳　岩波書店、1971年、49頁。Murray, Gilbert : *Five Stages of Greek Religion*, 1925.

(27) 映画「その男ゾルバ」(Zorba the Greek、1964、監督マイケル・カコヤニス、原作ニコス・カザンザキス、アメリカ／イギリス／ギリシア）で、アンソニー･クイーン演じるゾルバが踊り始めるラスト･シーンはとても印象深い。両手を広げ、指先を鳴らし、地面を力強く踏み鳴らす。恋人の美しい未亡人の死に落胆していた英国人作家バジルは、ゾルバの踊りを見て感激し、手ほどきを受けて一緒に踊りだす。このギリシア特有のエネルギッシュな舞踏がアクションとなって身体から身体へと伝播したのだ。ディテュラムボスの舞踏とは、このような踊りだったのではないかと思う。

(28) モーリス･ベジャール振り付けのバレエ「ボレロ」(Boléro　1960、ブリュッセル。作曲モーリス・ラヴェル 1928）は、ダンスの求心性と拡張性＝伝播性が身体を介して視覚化されている。円卓の上で男性ソリストがメロディを踊り、彼を取り囲む男性ダンサーたちの群舞がリズムを踊る。クロード･ルルーシュ監督の映画「愛と哀しみのボレロ」(原題は Les Uns et Autres 1981、フランス）には、ソリストのジョルジュ･ドン振り付けの「ボレロ」が挿入され、ルルーシュの作る美しい映像を通して、このバレエ作品のもつ圧倒的な求心力が伝わってくる。ディオニューソス的な祝祭性が舞台に再現され、メロディを踊るジョルジュ･ドンのパフォーマンスは圧倒的な陶酔感に観客を引き込む。ラヴェル作曲の音楽は、同一のリズムが奏でられるなかで、二種類のメロディが繰り返される。一つのリズムを保ちながら同時に、二種類のメロディの繰り返しが奏でる独特の旋律の単調さが、バレエによる身体の求心性、拡張性、陶酔感を高揚させてゆく。

(29) ハリスン、前掲書、101 頁。

(30) ハリスン、同上。

(31) ハリスン、同上。

(32) エスリン、マーティン　『ドラマを解剖する』山内登美雄訳　紀伊国書店、19 頁。

(33) 参照；勝又洋子「空間身体論―身体の拡張としての演劇空間―」東京電機大学総合文化研究第２号、19-26 頁、2004 年。情緒が舞踏を介して身体から身体へと伝播するというアイデアを、筆者はアンリ･マチスの絵画「ダンス」(1912　エルミタージュ美術館蔵）を見た時に得た。そのアイデアは筆者自身ずっと舞踊に関わってきた経験から生じたと思う。ディオニューソスの舞踏の本質には、

身体から身体へ情感が拡張してゆく伝播性があると思われる。
(34) ザックス、前掲書、273 頁。
(35) 呉茂一『ギリシア神話』上·下、新潮社、1979 年、302 頁。
(36)『世界文学全集Ⅰ　オデュッセイア·バッコスの信女·メーデーア他』呉茂一·松平千秋·渡辺守章訳、集英社、1974 年、513 頁。
(37) 丹下和彦、前掲書、308 頁。
(38) 勝又洋子「空間身体論―身体の拡張としての演劇空間―」東京電機大学総合文化研究第 2 号、2004、21-22 頁。
(39) パウサニアス『ギリシア記』40 頁に「ディオニューソスの一番古い神域が劇場そばに。周壁内に神殿とディオニューソス神像られ、が二組。像は一方が『エレウテライに坐すディオニューソス』、他方が『アルカメネス作で象牙·黄金造り』」とある。パウサニアス『ギリシア記』飯尾都人訳、龍渓書舎、1991 年。
(40) Burckhardt, 前掲書を参照。
(41) パウサニアス『ギリシア記』飯尾都人訳、龍渓書舎、1991 年、695 頁。飯尾都人編『ギリシア記附記』訳注（135 頁六九五（3））で、「パレンはパロス（男根）からきた異名。異国風とはエジプト風の意味か、ヘロドトス（上）一九三・16 ～一九四· 12（巻二・四八～四九）」とあり、ドゥティエンヌの「ディオニューソス·スパレン（落ちた・ひっくり返った）」と解釈が異なる (ドゥティエンヌ、前掲書、15 頁)。Helena Rocha-Pereira: Pausaniae *Graeciae descriptio*, Biblioteca scriptorum et romanorum teubneriana, 1973.
(42) レヴィ＝ストロース、『仮面の道』山口昌男・渡辺守章訳　新潮社　1979 年、49-50 頁。Lévi-Strauss, Claude: La voie des masques. Edition d'Art Skira, Genevé, 1975.
(43) 同上、195 頁。
(44) 同上。
(45) ドゥティエンヌ、前掲書、14 頁。
(46) パウサニアス『ギリシア記』77-78 頁にアッティカ地方エレウテライにあるディオニューソス神殿の記述がある。
(47) Jung, C. G. Der *Mensch und seine Symbole*. Herausg. :MarießLouise von Franz, Mitherausg. : John Freemann, Patmos Verlag, Düsseldorf, 1992, S.45.
(48) 呉茂一、前掲書、301 頁。
(49) 同上、301 頁。

(50) 同上、301 頁。
(51) 同上、73-74 頁。

第 3 章

(1) 堀米庸三『世界の歴史 3　中央ヨーロッパ』1986 年（第 16 刷）。
(2) 同上、25 頁。
(3) 同上、137 頁。
(4) 塩野七生『ローマ亡き後の地中海世界』新潮社、2008 年、239-240 頁。
(5) 池上英洋、前掲書、39、32 頁。
(6) 同上、32 頁。
(7) 堀米庸三、前掲書、201-202 頁
(8) 池上英洋、前掲、26 頁。
(9) 同上、96-97 頁。
(10) ドルーシュ、フレデリック（編）『ヨーロッパの歴史』木村尚三郎監修、花上克己訳、東京書籍、1994 年、80 頁。
(11) ウオーカー、バーバラ・G. 『神話・伝承辞典　失われた女神たちの復権』山下主一郎他訳、大修館書店　1988 年、70 頁。Walker, Barbara G. : *The Woman's Encyclopedia of Myths and Secrets*. Harper & Row, 1983.
(12) 池上英洋、前掲書、40 頁

第 4 章

(1) Roiter, Fulvio: *Venezianischer Karneval. Geschichte und Überlieferung*. Editioni Zerella, Venezia, 1995. p.29.
(2) Schug, op.cit., p.30.
(3) Schug, op.cit., p.31.
(4) Schug, op.cit.,p.31.
(5) Weichmann, Birgit: *Fliegende Türken, geköpfte Stiere und die Kraft des Herkules. Zur Geschichte des venezianischen Karnevals*. In: Matheus, Michael (Hrsg.), *Fasnacht/Karneval im europäischen Vergleich*, Franz Steiner Verlag,1999. p.178.

(6) Bahmüler, Lutz: *Karneval in Venedig*. Harenberg Edition, Dortmund, 1996. p.21.
(7) Weichmann, op.cit., p.178.
(8) ピーター・P・トリフォナス著　富山太佳夫訳　『エーコとサッカー』岩波書店　2004年　103頁。Trifonas, Peter P. : Umberto Eco and Football. Marsch Agency, 200
(9) Scholz, op.cit., p.39-40.
(10) Bahmüler, op.cit., p.21.
(11) Ibid.
(12) Ibid.
(13) Weichmann, op.cit., p.182.
(14) Schug, op.cit., p.31.

第5章

(1) Schug, Jürgen: *Venedigs Maskenspiel. Eine Chronik des venezianishen Karnevals*. Eulen Verlag, Freiburg, 1998, S.59.
(2) Reato, op.cit., P.72-90./ Weichmann, op.cit., p.183-190.
(3) 柏木博『ファッションの20世紀　都市・消費・性』NHKブックス、1998年、15頁。
(4) 勝又洋子『ル・コルビュジエ・ハウスの暮らし　ドイツの都市と文化の風景』里文出版、2003年、86－106頁。
(5) Burckhardt, Jacob: *Die Kultur der Renaissance in Italien*. Fischer Taschenbuch Verlag, Frankfurt am Main, 2. Auflage, 2012. p.334.
(6) 陣内秀信『イタリア海洋都市の精神』講談社　2008年、131頁。
(7) Goethe, Johann Wolfgang von: *Italienische Reise*. In: Goethe Werke Band 12. C.H. Beckische Verlag, München, 1989, p.80.
(8) 塩野七生、前掲書、21頁。
(9) 同上、65頁。
(10) Weber, Max: *Wirtschft und Gesellschaft*. Mohr Siebeck, 5. Auflage, Tübingen,1976, p.411-413.
(11) Goethe, o.p.cit., P.68.
(12) ユング、C.G.『人間と象徴　無意識の世界』河合隼雄監訳、河出書房新社、1975年、59頁。Jung, Carl G.: Man and His Symbols.

Aldus Books, London, 1964.
(13) 塩野七生、前掲書、65 頁。
(14) Scholz, op.cit., p.80.
(15) Scholz, Ibid.
(16) Burckhardt, op.cit., p.393-394.
(17) Ibid. p.393-394.
(18) Ibid.
(19) 陣内秀信『ヴェネツィア　水上の迷宮都市』講談社　1992 年、174 頁。
(20) Yates, Frances A. : *Theatre of the World. Arns $ Noble*, New York, 2009, p.174-190.
(21) 樺山紘一『ルネサンスと地中海〈世界の歴史 16〉』中央公論社 1996 年　215 頁。
(22) Goethe, op.cit., P.65-99.
(23) Weichmann, op.cit., p.184.
(24) Schug, op.cit., p.31.
(25) Weichmann, op.cit.,p.184.
(26) VOLPI, E. *STORIE INTIME Di VENEZIA REPUBBLICA* CON PREPAZIONE del prof. Cav. G. OCCIZIONI-BONAFFONS 1893, p. 106.
(27) 参照：岡田温司『グランドツアー　18 世紀イタリアへの旅』岩波書店　2010 年。
(29) Weichmann, op.cit.,p.185.
(30) Ibid.
(31) Brosses, Charles de: Lettres d'Italie. Mercure de France, Paris, 1986, p.170.
(32) Reato, op. cit., p.51.
(33) Schug, op.cit., p.73.
(34) Reato, op.cit., p.53.
(35) Weichmann,op.cit., p.193.
(36) Schug, op.cit., p.74.
(37) Reato, op.cit., p.57.
(38) Reato, op. cit., p.51.
(39) Molmenti, Pompeo. *La Storia di Venezia Nella Vita Privata*.pp.312.
(40) Goethe, op.cit., p.79.
(41) 野村万之丞監修『心を映す　仮面たちの世界』　檜書店　1996 年

71 頁。

（42）Deutsche Wörterbuch, op.cit.

（43）Weichmann, op.cit., p.193.

（44）Scholz, op.cit., p.108.

（45）野村万之丞、前掲書、2002 年、107 頁。

終章

（1）Shakespeare: As You Like It. Arden, 2006, p.227.

（2）Molmenti, op.cit., pp. 494.

（3）Weichmann, op.cit., p.185.

（4）Weichmann, op.cit., p.195.

（5）Ibid.

（6）Ibid.

（7）Ibid.

（8）Ibid.

（9）Ibid.

（10）ロッシ、アルド『アルド・ロッシ自伝』三宅理一訳　鹿島出版会、1993 年（第 2 刷）、65 頁。Roosi,Aldo. A Scientific Autobiography. MIT Press, Cambridge, Mass. & London, 1981.

（11）ロッシ、アルド前掲書、148 頁。

主な参考文献

以下の文献は本論で引用した、もしくは参考としたものを中心にしてある。また、数種の版を参考とした文献は、その一つをあげるにとどめてある。

Andree, Richard. *Masken.* In:Andree, Richard: Ethnographische Parallen und Vergleiche, Neue Folge. Verlag von Veit & Comp, Leibzig,1889, p.107-165.

Artaud, Antonin. *Das Theater und sein Double*, Übertragung v. Gerd Henninger, Frankfurt a. M. 1969.

Bahmüler, Lutz. *Karneval in Venedig.* Harenberg Edition, Dortmund, 1996. (Original: Venezia l'arte nei sekoli. Magnus Edizioni, Udine, 1997.)

Benzoni, Gino. *Venedig und seine Geschichte.* In: Venedig, Kunst und Archtektur. Herausg. von Giandomenico Romanelli, KönemannVerlag, Köln, 1997, p.12. (Original: Venezia l'arte nei sekoli. Magnus Edizioni, Udine, 1997.)

Brecht, Bertolt. *Kalendergeschichten.* Gebrüder Weiss Verlag, 1949.

Brosses, Charles de. *Lettres d'Italie.* Mercure de France, Paris, 1986.

Burckhardt, Jacob. *Die Kultur dr Renaissance in Italien.* Fischer Taschen Verlag, Frankfurt am Main, 2. Auflage, 2012.

Craig, Edward Gordon. *Toward a New Theatre*, London /Toronto 1913.

Detienne, Marcel. *Dionysos, á ciel ouvert.* Hachette, 1996.

Deutsches Wörterbuch. Jakob Grimm und Wilhelm Grimm, 6 Bde., Verlag von S. Heinzel, Leibzig, 1885.

Die Enzyklopädie der Mythologie. Genehmigte Lizenzausgabe,EDITION XXL, Reichsheim, 2000.

Duden, Band 12, Zitate und Aussprüche, hersg. Von Werner Scholze-Stubenrecht u.a. Mannheim Leipzig/Wien /Zürich, 1933.

Esslin, Martin. *An Anatomy of Drama*, Hill and Wang, New York, 1976.

Frazer, J.G.: The Golden Bough, *A Study in Magic and Religion*. Third Edition, The Macmillan Press, 1990.

Goethe, Johann Wolfgang von. *Itarienische Reise*. In:Goethe. Werke Band 12, C.H. Beckische Verlag, München, 1989.

Harrison, Jane Ellen. *Ancient Art & Ritual.* 1913.

Il Principe, nuovo edizione a cure di Girgio Inglese, Giulio Einaudi Editore, Torino, 1995.

Jung, Carl G.. *Man and His Symbols.* Aldus Books, London, 1964.

Lévi-Strauss, Claude. *La voie des masques*. Edition d'Art Skira, Genevé,1975.

Mann, Thomas. *Der Tod in Venedig*. Fischer Taschenbuch Verlag, 23.Auflage, Frankfurt am Main, 2011.

Matheus, Michael(Hrsg.). *Fasnacat/Karneval im europäischen Vergleich*, Franz Steiner Verlag,1999.

Meyers großes Universallexikon, 9 Bde.,Bibliographisches Institut, Mannheim, 1983.

Mezger, Werner. *Das große Buch der schwäbisch-alemannischen Fasnet. Ursprünge, Entwicklungen und Erscheinungsformen organisierter Narrentei in Süddeutschland*, Theiss Verlag, 1999.

Molmenti, Pompeo G.. *La Storia di Venezia Nella Vita Privata dalle origini alla caduta della Repubblica*, Editoria Rivolota, Torino,

1813.

Reato, Danielo. *Storia del Carnevale di Venezia*. Finito di stampare nel mese di genanaico, Venezia, 1988.

Reclams Zitaten-Lexikon. hersg. von Johannes John, Stuttgart, 1992.

Roiter, Fulvio. *Venezianischer Karneval. Geschichte und Überlieferung*. Editioni Zerella, Venezia, 1995.

Romanelli, Giandomenico (Hrsg.). *Venedig. Kunst & Architekutur*, Könemann, 1997.

Rossi, Aldo. *L'architettura dellà citta*. a cura di Daniele Vitale,Editori CLUP (Cooporativa Libraria Universitaria del Politecnico, Milano) 1987.

Rossi, Aldo. *A Scientific Autobiography by Aldo Rossi*. The Massachusetts for Architecture and Urban Studies and The Massachusetts Institute of Technology, 1981.

Schaedler, Karl-Ferdinand. *Masken der Welt. Sammlerstücke aus fünf Jahrtausenden*. Heyne Verlag, München, 1999.

Scholz, Christian. *Das Fest der Masken, Karneval in Venedig*. Weisemühl, München, 1987.

Schug, Jürgen. *Venedigs Maskenspiel. Eine Chronik des venezianishen Karnevals*. Eulen Verlag, Freiburg, 1998.

Shakespeare, William. *As you like it*. Arden, London, 2006.

Shakespeare, William. *The Merchant of Venice*. Arden, London, 2006.

Skrodenis,Stasys. *Kostüme und Masken in Lituaren*. In: Schweizerisches Archiv für Volkskunde, P.127-135, Bd. 63, 1967.

Stumpfl, Robert. *Schauspielmasken des Mittelalters und der Renaissance und ihr Fortbestehen im Volkesschauspiel*. In: Neues Archiv für Theatergeschite, Bd.2, 1930.

Venedig Kunst & Architektur, Hrsg.v. Giandomenico Romanelli, Könemann, 1997.

Volpi, E.. *Storie intime di Venezia Repubblica*, Venezia, 1893.

Walker, Barbara G.. *The Woman's Encyclopedia of Myths and Secrets*. Harper & Row, 1983.

Weber, Max. *Wirtschft und Gesellschaft*. Mohr Siebeck, 5. Auflage, Tübingen,1976.

Weichmann, Birgit. *Fliegende Türken, geköpfte Stiere und die Kraft des Herkules. Zur Geschichte des venezianischen Karnevals*. In: Matheus, Michael (Hrsg.), Fasnacht/Karneval im europäischen Vergleich, Franz Steiner Verlag, 1999.

Weston, Jessie L.. *From Ritual to Romance*. Cambridge University Press, 1920.

Wilson, Robert. *The Theatre of Image*. The Contemporary Arts Center, Cincinnati, the Byrd Hoffmann Foundation, New York/ London/Sydney, 1984.

Yates, Frances A. *Theatre of the World. Barnes & Nobles*, New York,1969.

*

アリストテレース「詩学」松本仁助・岡道男訳 『アリストテレース　詩学　ホラーティウス　詩論』所収　岩波書店 1997年。

池上英洋『ルネサンス　暦史と芸術の物語』光文社　2012年。ウィルソン、ロバート『イメージの劇場』（ロバート・ウィルソンの世界）高橋康也・門上庚照訳、PARCO出版、1987年。

泉靖一「神像と仮面の民族誌」、朝日新聞社編『仮面と神像』所収、1970年、4-8頁。

岩井克人『ヴェニスの商人の資本論』筑摩書房　1985年。

ウエストン、J.L.『祭祀からロマンスへ』丸小哲雄訳、法政大学出版局、1990年（第2刷）。

植田重雄『ヨーロッパの歳時記』岩波書店、1983年。

植田重雄『ヨーロッパの祭りと伝承』講談社、1999年。

ウオーカー、バーバラ・G.『神話・伝承辞典　失われた女神たちの復権』山下主一郎他訳　大修館書店　1988年。

エウリピデス「バッコスの信女」『ギリシア悲劇Ⅳ　エウリピデス（下）』松平千秋訳、筑摩書房、2001年、417-524頁。

エスリン、マーティン　『ドラマを解剖する』山内登美雄訳　紀伊国屋書店　1978年。

大林太良『仮面と神話』小学館、1998年。

岡田温司『グランドツアー　18世紀イタリアへの旅』岩波書店　2010年。

樺山紘一『ルネサンスと地中海　〈世界の歴史16〉』中央公論社　1996年。

木村重信『民族芸術の源流を求めて』NTT出版、1994年。

呉茂一『ギリシア神話　上』新潮社　1984年。

佐原真監修・勝又洋子編著『仮面―そのパワーとメッセージ』里文出版　2002年。

塩野七生『海の都の物語　ヴェネツィア共和国の一千年』中央公論社　1980年。

塩野七生『ローマ亡き後の地中海世界』新潮社、2008年。

『十字軍全史　聖地をめぐるキリスト教とイスラームの戦い』新人物往来社編　2011年。

陣内秀信『イタリア海洋都市の精神』講談社　2008年。

谷口幸男・遠藤紀勝『仮面と祝祭―ヨーロッパの祭りにみる死と再生』　三省堂、1982年。

丹下和彦『ギリシア悲劇』中央公論新社　2008年。

ドゥティエンヌ、マルセル『ディオニューソス―大空の下を行く神』及川馨・吉岡正蔽訳、叢書ウニベルシタス、1992年。

トリフォナス、ピーター・P.『エーコとサッカー』富山太佳夫訳

岩波書店　2004年。

ニーチェ、フリードリヒ「悲劇思想の誕生」『ニーチェ全集1（第Ⅰ期全12巻）』浅井真朗・西尾幹二訳、白水社、1994年。

ニーチェ、フリードリヒ「ソクラテスとギリシア悲劇」『ニーチェ全集1（第Ⅰ期全12巻）』浅井真朗·西尾幹二訳、白水社、1994年。

野村万之丞監修『心を映す　仮面たちの世界』　檜書店　1996年。

パウサニアス『ギリシア記』飯尾都人訳、龍渓書舎、1991年。

(Helena Rocha-Pereira: Pausaniae Graeciae descriptio, Biblioteca scriptorum et romanorum teubneriana, 1973.)

ハリスン、ジェーン・エレン『古代の芸術と祭祀』星野徹訳　法政大学出版局　1977年。

プラウトゥス·ローマ喜劇集1、木村建治訳、西洋古典叢書、2000年。

ブルフィンチ、トーマス『ギリシア·ローマ神話』野上弥生子訳、岩波書店、1978年。

ブルクハルト、ヤーコプ·クリストフ『イタリア·ルネサンスの文化』柴田治三郎監訳　中央公論社　1966年。

フレイザー、J.G. 石塚正英監修『金枝篇』第6巻、国書刊行会、2012年。

ブレヒト、ベルトルト「異端者の外套」（『暦物語』ブレヒト　矢川澄子訳 現代思想社　1976年）。

ベドゥアン、ジャン・ルイ『仮面の民俗学』斉藤正二訳、白水社、1975年。

堀米庸三『世界の歴史3　中央ヨーロッパ』1986年（第16刷）。

マレー、ギルバァト『ギリシア宗教発展の五段階』藤田健治訳、岩波書店、2007年（第9刷）。

南江二郎『原始民俗仮面考』民俗芸術叢書、地平社書房、1929年。

メルシエ、ルイ·セバスチャン『十八世紀パリ生活誌―タブロード·パリ』原宏編訳、岩波文庫、1989年。

マキアヴェッリ、ニッコロ『君主論』河島英昭訳、岩波書店、1998年。

マン、トーマス『ヴェニスに死す』実吉捷朗訳　岩波書店　1960年。

ミラノ・ピッコロ座来日記念日本語版上演台本「二人の主人を一

度に持つと」田之倉稔訳 日本文化財団 1978 年
ユング、C.G.『人間と象徴　無意識の世界』河合隼雄監訳、河出書房新社 1975 年。

レヴィ＝ストロース　『仮面の道』　訳者　山口昌男　渡辺守章　新潮社　1979 年。

ローウラー、リリアン・B『古代ギリシアの舞踊文化』小倉重夫訳、未来社、1985 年。

ロッシ、アルド『都市の建築』大島哲蔵・福田晴虔訳　大龍堂書店　1991 年。

ロッシ、アルド『アルド・ロッシ自伝』三宅理一訳　鹿島出版会、1993 年（第 2 刷）。


（図版出典）

Das Europäische Geschichtsbuch Von den Anfängen bis ins 21. Jahrhundert. hrsg. von Frédéric Delouche, Klett-Cotta Verlag, Stuttgart, 2011.
Die Enzyklopädie der Mythologie, Genehmigte Lizenzausgabe, EDITION XXL, Reichsheim, 2000.
Esslin, Martin. *An Anatomy of Drama*, Hill and Wang, New York, 1976.
Reato, Danielo. *Storia del Carnevale di Venezia*. Finito di stampare nel mese di genanaico, Venezia, 1988.
Roiter, Fulvio, *Venezianischer Karneval. Geschichte und Überlieferung*, Editioni Zerella, Venezia, 1995.
Schug, Jürgen: *Venedigs Maskenspiel. Eine Chronik des venezianishen Karnevals*, Eulen Verlag, Freiburg, 1998.
Volpi, E.. *Storie intime di Venezia Repubblica*, Venezia, 1893.
佐原真監修・勝又洋子編著『仮面―そのパワーとメッセージ』里文出版、2002 年。

あとがき

ヴェネツィアのカーニヴァルに出会ったとき、その演劇性に新鮮な驚きを覚えた。その歴史を紐解いてみると、文献も少なく、起源もよくわかっていない。わからないからこそ興味がわき、分かる部分をつなぎ合わせて、その演劇性が何処から来るのか、掘り下げてみようと思った。

ヴェネツィアのカーニヴァルについて研究が少ないのは、ひとつにはカーニヴァルが二百年間中断されたことが原因となっているし、他方ではファッショナブルな仮装のカーニヴァルといったイメージがとても強く、そのイメージに止まっているからだろう。しかしひとたびそのルーツを辿ってみると、古代ギリシア・ローマとのつながりや、ヨーロッパ史との関連、さらにはかつてのヴェネツィア共和国の歴史的な出来事とのつながりが見えてきた。そして最も興味深いことに、ヴェネツィアでは仮面がある種日常化し、仮面をつけることが礼儀とされ、〈もう一つの顔〉となって社会に居場所を得たことだ。ヴェネツィアにおいては素顔と仮面、いいかえれば裏と表、光と陰が逆転したのだ。

古代ギリシア仮面演劇で用いられた変貌の道具ペルソナは、人の視覚的印象を変えるので、仮面を意味し同時に外的人格をも意味した。現代ではペルソナをむしろ外的人格の意味で使うことが多い。自我を確立するためにはペルソナの確立する必要があると思われるが、ヴェネツィアの仮面バウタのように、匿名化の装置である一つの仮面が共通のペルソナとなって機能した社会では、個々人のペルソナの確立はどのようになされるのだろうか。

すでにふれたとおり、ヴェネツィアにおいて仮面は社会と交流するための一つの顔となった。匿名化のツールである仮面を通して社会とつながった共和国時代のヴェネツィアは、現代の高度に発達したIT社会と共通した精神構造を持っていたように思う。現代では、媒体としてみれば、前近代的な仮面といった装置を直接つけることはないが、ミクシィMixiなどのSNS（Social Networking Service）を用いて人と交流し、インターネット上に作った別人格アヴァタAvatarやハンドルネームを通して社会と関わっている。佐原真さんは、現代人は直接仮面をつけなくとも毎日TPOに応じてさまざまにプチ変身している、と述べている。さらに野村万之丞（五世）さんは、仮面ほど正直なものはなく、人の顔ほど嘘つきなものはない、といったようなことを述べている。多様なPC機器を用いて、インターネット上に形成したペルソナを通して自己の存在を表す現代のIT化社会においては、ヴァーチャル空間とリアル空間が交錯して、さまざまに変貌を繰り返し、素顔と仮面が容易に入れ替わっているように思う。

また日本発信のコスプレ cosplay は英語に当用されて、世界に広まりコスプレ・イヴェントが開催されるようになった。日本の漫画やアニメーションを通して展開したコスプレは、漫画やアニメーションのキャラクターに変身することを目的としている。現代のコスプレ文化にはヴェネツィアの仮面文化とのある種の共通性がうかがえる。こうした視点で見ると、仮面が〈もう一つの顔〉となったヴェネツィア社会は、古代の収穫感謝の祭りからでたとはいえ、むしろ現代社会により親しくつながっているように思える。

本書執筆中にイギリス出身のロックなパフォーマンス・アーティストのデイヴィッド・ボウイ（David Bowie 一九四七～二〇一六）の訃報が載った。バッカイを従えた古代ギリシアのディオニューソスはパフォーマンス・アーティストの魁のように思えるが、エルヴィス・プレスリーにしても、デイヴィッド・ボウイにしても、ロックなパフォーマンス・アーティストは古代ギリシアのディオニューソスの系譜につながるように思える。一九七〇年代グラム・ロック時代を展開させたボウイは、舞台の外でも楽曲アルバムの主人公ジギー・スターダスト Ziggy Stardust に成りきり、ベルリン時代はシン・ホワイト・デューク Shinn White Duke（痩せた蒼白公爵）を名乗ってペルソナを演じきった。とりわけジギー・スターダストを日常に演じきったボウイは、現代におけるペルソナの確立を考える際に、大きな示唆を与えてくれた。本書は博士論文「ヴェネツィアの仮面カーニヴァルの成立と展開に関する研究—劇場型都市空間における仮面の役割—」（東北大学大学院二〇一二年）を改訂したものである。本書各章扉と一四〇頁に使用した写真はProf. Dr. Peter Thiele撮影、他は筆者撮影による。本書を形にするために、社会評論者の松田健二氏と板垣誠一郎氏にたいへんお世話になった。感謝申し上げる。

二〇一六年十一月

勝又　洋子

勝又洋子（かつまた　ようこ）

東京電機大学教授　博士（学術）　専門は演劇論。ヴェネツィアの仮面カーニヴァルの演劇性に触発され、ヨーロッパの仮面に関する研究論文を多数発表する。著書に『仮面―そのパワーとメッセージ』（編著／里文出版）、『ル・コルビュジエ・ハウスの暮らし―ドイツの都市と文化の風景』（里文出版）などがある。

ヴェネツィアの仮面カーニヴァル
海に浮く都の光と陰

2016年12月7日　初版第1刷発行

著　者／勝又洋子
装　丁／中野多恵子
発行者／松田健二
発行所／株式会社　社会評論社
〒113-0033　東京都文京区本郷2-3-10
お茶の水ビル
電話　03（3814）3861
FAX　03（3818）2808
印刷製本／倉敷印刷株式会社